Daniel Scholz

Künstliche neuronale Netze

AF883385

Daniel Scholz

Künstliche neuronale Netze

Die Welt der generativen KI verstehen

HANSER

Über den Autor:
Dr. Daniel Scholz ist in der Weiterbildung KI & Data Science bei einem großen deutschen Automobilhersteller tätig und darüber hinaus aktiv im Bereich der schulischen Lehre und Weiterbildung.

MIX
Papier aus verantwortungsvollen Quellen
FSC
www.fsc.org
FSC® C083411

Print-ISBN: 978-3-446-48402-3
E-Book-ISBN: 978-3-446-48475-7

Bibliografische Information der Deutschen Nationalbibliothek:
Die Deutsche Nationalbibliothek verzeichnet diese Publikation in der Deutschen Nationalbibliografie; detaillierte bibliografische Daten sind im Internet unter http://dnb.d-nb.de abrufbar.

Vilshofener Straße 10 | 81679 München | info@hanser.de
www.hanser-fachbuch.de
Lektorat: Dipl.-Ing. Natalia Silakova-Herzberg
Herstellung: Frauke Schafft
Covergestaltung: Max Kostopoulos
Titelmotiv: © Max Kostopoulos, unter Verwendung von firefly.adobe.com
Satz: le-tex publishing services GmbH, Leipzig
Druck: CPI Books GmbH, Leck
Printed in Germany

Inhalt

Vorwort

In einer Zeit, in der Technologien wie ChatGPT, Microsoft Copilot und viele weitere Innovationen der Künstlichen Intelligenz zunehmend in unseren Alltag integriert werden, ist ein Verständnis dieser Systeme wichtiger denn je. Neuronale Netze bilden das Rückgrat derartiger KI-Anwendungen, die Texte und Bilder erzeugen, Entscheidungen treffen und Lernprozesse unterstützen können.

Doch mit den Fortschritten gehen auch Herausforderungen einher: Es ist entscheidend, die Funktionsweise dieser Technologien zu verstehen, um ihre Chancen und Risiken besser einschätzen zu können. Wer die Grundlagen neuronaler Netze kennt, kann nicht nur bewusster mit KI-Tools umgehen, sondern auch fundierter an der Diskussion über die ethischen, gesellschaftlichen und wirtschaftlichen Auswirkungen teilnehmen.

In diesem Lehrwerk zeigen wir dir, dass Algorithmen der Künstlichen Intelligenz nicht nur verständlich, sondern auch faszinierend einfach sein können. Lasse dich überraschen, wie zugänglich das Themenfeld tatsächlich ist.

Zielgruppe

Dieses Buch richtet sich an alle, die Chancen und Möglichkeiten der Künstlichen Intelligenz ebenso wie ihre Risiken und Grenzen besser verstehen möchten. Dabei spielt es keine Rolle, ob du dich in der Schule, Ausbildung oder im Studium befindest oder ob du bereits im Berufsleben stehst: KI betrifft uns alle. Empfohlen sind die Inhalte für ein Selbststudium sowie für Lehrende und Dozierende ab der Sekundarstufe II.

Ein mathematisches Verständnis auf dem Niveau der Sekundarstufe I (9./10. Klasse) reicht vollkommen aus, um den Inhalten folgen zu können. Programmierkenntnisse sind nicht erforderlich. Wer aber rudimentäre Coding-Skills mitbringt, kann diese nutzen, um einige Inhalte als optionales Angebot weiter zu vertiefen.

Zielsetzung

Ein solides technisches Verständnis künstlicher neuronaler Netze ist der Schlüssel, um aktuelle Entwicklungen der Künstlichen Intelligenz besser einordnen zu können.

Dadurch lassen sich nicht nur klassische KI-Anwendungen, die uns bereits seit Jahren im Alltag begleiten, klarer verstehen, sondern auch moderne Tools der generativen KI effektiver und sicherer nutzen.

Unser Ziel ist es, Verfahren und Methoden hinter der Künstlichen Intelligenz zu entzaubern, damit sie kritisch und fundiert bewertet und gewinnbringend eingesetzt werden können.

Zudem möchten wir dazu beitragen, Vorurteile und Ängste im Umgang mit KI abzubauen und gleichzeitig die ethischen Aspekte dieser Technologie in den Blick zu nehmen.

Inhaltliche Einordnung

Künstliche Intelligenz ist ein umfassender Begriff und beschreibt die Fähigkeit von Maschinen, Aufgaben zu übernehmen, die normalerweise menschliche Intelligenz erfordern. Innerhalb der KI befindet sich das **maschinelle Lernen** als eine Teildisziplin, bei der Algorithmen aus Daten lernen, ohne explizit programmiert zu sein. Es bildet die Grundlage für viele moderne KI-Anwendungen.

Neuronale Netze sind eine spezifische Methode des maschinellen Lernens, die von der Struktur und Funktionsweise des menschlichen Gehirns inspiriert ist. Diese Netze bestehen aus mehreren Schichten von Knoten (Neuronen), die Daten verarbeiten und Muster erkennen.

Eine spezielle Form neuronaler Netze ist das **Deep Learning**, das durch tiefe, mehrschichtige neuronale Netze gekennzeichnet ist und besonders gut in komplexen Aufgaben wie Bild- und Spracherkennung funktioniert. Im Rahmen von Deep Learning sind **Large Language Models** (LLMs) ein spezieller Ansatz, der auf großen Mengen an Textdaten trainiert wird. Diese Modelle können natürliche Sprache verstehen und generieren, was spätestens mit der Veröffentlichung von ChatGPT im November 2022 in aller Munde ist.

Generative KI ist eine Anwendung von Large Language Models sowie Techniken des Deep Learning, die neue Inhalte wie Texte, Bilder oder Videos erzeugen können, anstatt nur bestehende Daten zu analysieren. Sie ist eine der aktuell fortschrittlichsten Entwicklungen in der Künstlichen Intelligenz.

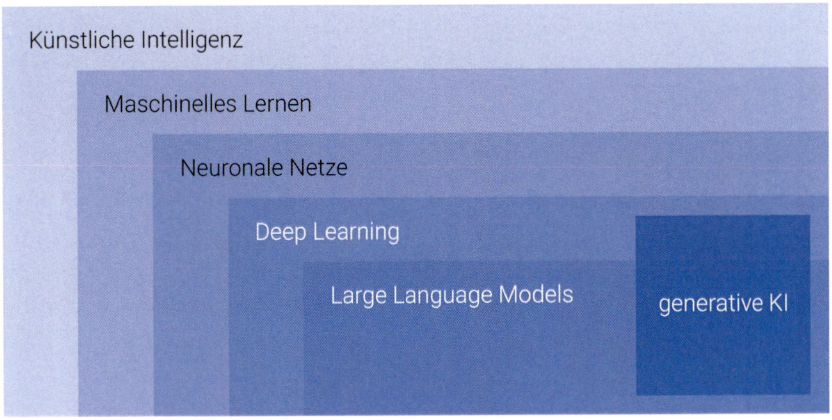

Bild 1 Einordnung wichtiger Begrifflichkeiten im Kontext der Künstlichen Intelligenz

Didaktisches Einordnung

Das Dagstuhl-Dreieck stellt drei zentrale Perspektiven in der Auseinandersetzung mit der digital vernetzten Welt dar: die technologische, die gesellschaftlich-kulturelle und die anwendungsbezogene Perspektive. Jede dieser Perspektiven ermöglicht es, verschiedene Aspekte der Digitalisierung zu verstehen, sei es die Funktionsweise, die Auswirkungen auf die Gesellschaft oder die praktische Nutzung.

In diesem Buch steht die technologische Perspektive im Vordergrund, also die Frage: Wie funktionieren neuronale Netze und moderne KI-Systeme? Diese Perspektive ist besonders wichtig, um die Mechanismen und Prinzipien zu verstehen, die der Künst-

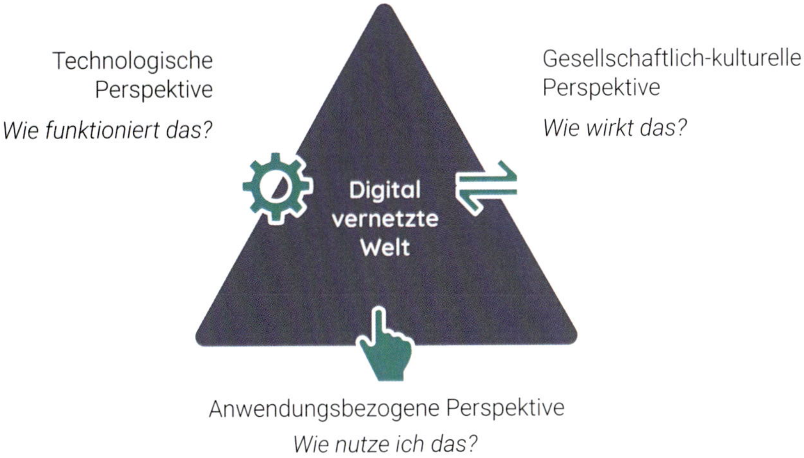

Bild 2 Das Dagstuhl-Dreieck mit den drei Perspektiven der digital vernetzten Welt

lichen Intelligenz zugrunde liegen. Das Wissen ist notwendig, um KI-Systeme sicher und effektiv nutzen (anwendungsbezogene Perspektive) sowie deren Auswirkung bewerten zu können (gesellschaftlich-kulturelle Perspektive).

Didaktisches Konzept

Die Inhalte werden durch zahlreiche interaktive Anwendungen ergänzt, die es ermöglichen, auf spielerische Weise eigene Erfahrungen mit den vorgestellten Verfahren sammeln zu können. Dabei lassen sich sowohl die Potenziale der Algorithmen erproben als auch ihre Grenzen aufzeigen. Ein Beispiel:

www.taralino.de/exercise/EL4ZRA54

Darüber hinaus dienen kleinere Lernzielkontrollen dazu, sich selbst zu testen, ob die zuvor präsentieren Inhalte verstanden wurden:

Wie viele Eingangsneuronen besitzt ein neuronales Netz zur Klassifikation von Schwarz-Weiß-Bildern bestehend aus 8 × 8 Bildpunkten?

Als optionales Zusatzangebot verweisen wir zudem auf kleine Codebeispiele. Dadurch lassen sich erste Erfahrungen darin sammeln, was es bedeutet, Methoden der Künstlichen Intelligenz zu implementieren:

www.taralino.de/exercise/CETLDDZN

Eingesetzt wird dazu die frei zugängliche taralino-Umgebung, sodass sämtliche Beispiele ohne Einstiegshürden (wie z. B. der Installation einer Software) direkt editiert und erprobt werden können. Grundlegende Erfahrungen im Coding (insbesondere in JavaScript) sind durchaus hilfreich – aber nicht zwingend erforderlich: Es können bereits wertvolle Erfahrungen gesammelt werden, wenn lediglich einzelne Zahlenwerte in den ausgewählten Quellcodes angepasst werden. Um sich grundlegend mit der taralino-Umgebung vertraut zu machen, sei auf folgende Onlinekurse verwiesen:

www.taralino.de/courses/coding

Schließlich sind einige wenige Abschnitte explizit als Exkurs gekennzeichnet. Auch diese Abschnitte sind als optionales Zusatzangebot zu verstehen, um Leserinnen und Lesern mit mathematischen Fähigkeiten, die über die Sekundarstufe I hinausgehen, einen teils tieferen Einblick bieten zu können.

Nun aber viel Spaß beim Lesen und Lernen

Daniel Scholz April 2025

1 Neuronale Netze

In diesem Kapitel beantworten wir folgende Fragen:

- Was sind neuronale Netze und wie können diese als mathematisches Modell formuliert werden?
- Wie tragen künstliche neuronale Netze dazu bei, Klassifikationsaufgaben zu lösen?
- Warum sind die Werte der Ausgangsneuronen eigentlich nichts anderes als eine Art Vorhersagewahrscheinlichkeit?

1.1 Einleitung

Neuronale Netze sind ein vielseitiges Werkzeug der Künstlichen Intelligenz, um komplexe Aufgaben lösen zu können. Typische Anwendungen umfassen Klassifikationsaufgaben (z. B. Objekterkennung oder Spam-Filter), Regressionsaufgaben (z. B. Vorhersage von Preisen oder Temperaturen) sowie die Zeitreihenanalysen für Trends in Daten. Neuronale Netze finden zudem Einsatz in der Datenreduktion sowie in der generativen KI, etwa zur Erstellung von Bildern oder Texten.

Um uns zunächst mit den grundlegenden Mechanismen neuronaler Netze vertraut zu machen, konzentrieren wir uns in diesem sowie den nachfolgenden Kapiteln auf Klassifikationsaufgaben. Ein Beispiel, auf das wir mehrfach zurückgreifen und was wir im Detail verstehen werden, ist die Klassifikation von Strichzeichnungen:

www.taralino.de/exercise/EL4ZRA54

Die Anwendung zuvor mag wie Zauberei erscheinen. In den nächsten Abschnitten und Kapiteln werden wir aber Schritt für Schritt und so einfach wie möglich erklären, wie die Algorithmen darin funktionieren. Du wirst sehen: Es ist viel einfacher, als du denkst!

1.2 Die Natur als Vorbild

Viele moderne Verfahren und Algorithmen haben sich Vorgänge in der Natur zum Vorbild genommen und dies gilt auch für künstliche neuronale Netze. Daher werden wir in aller Kürze vorstellen, was Neuronen und neuronale Netze sind.

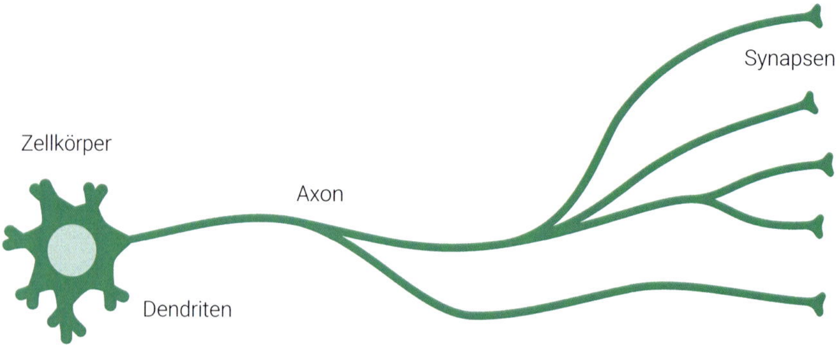

Bild 1.1 Schematische Darstellung einer Nervenzelle

Das Nervensystem besteht aus unzähligen Nervenzellen, welche auch als **Neuronen** bezeichnet werden (Bild 1.1). Einzelne Nervenzellen sind auf die Erregungsleitung bzw. Erregungsübertragung spezialisiert: Genauer gesagt können Nervenzellen über die **Dendriten** aktiviert werden. Falls dies der Fall ist, wird über das **Axon** ein elektrischer Impuls an alle **Synapsen** der Zelle übertragen. Die Synapsen sind wiederum mit Dendriten weiterer Nervenzellen verbunden, sodass sich ein großes Netzwerk von Nervenzellen bildet. Dieses nennt man **neuronales Netz**.

Bild 1.2 zeigt den schematischen Aufbau eines neuronalen Netzes unterteilt in Wahrnehmung, Verarbeitung und Ergebnis. Anschaulicher wird das Konzept anhand eines konkreten Beispiels:

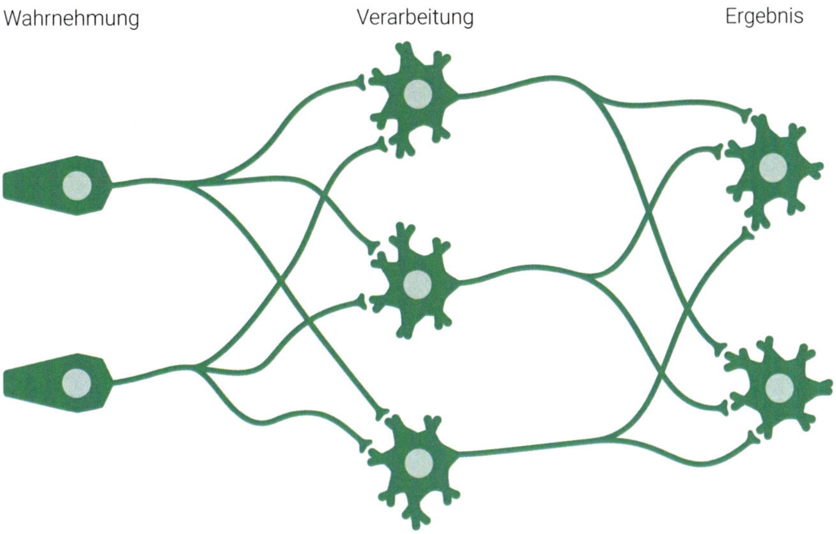

Bild 1.2 Schematische Darstellung eines neuronalen Netzes

Stäbchen- bzw. Zapfenzellen sind Neuronen in der Netzhaut unserer Augen, welche der Wahrnehmung von Helligkeit bzw. Farben dienen.

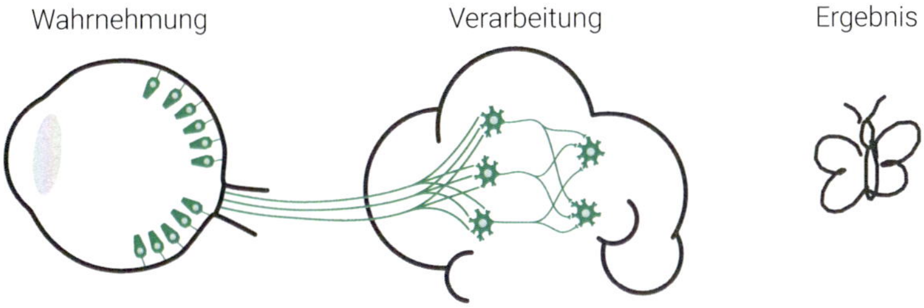

Je nachdem, was wir gerade sehen, sind unterschiedliche dieser Neuronen aktiviert (bzw. nicht aktiviert). Diese Informationen werden über die Axone ins Gehirn weitergeleitet (gebündelt im Sehnerv). Im Gehirn findet anschließend die weitere Verarbeitung der Informationen in einem komplexen Netzwerk statt. Als Ergebnis erhalten wir eine Aussage darüber, was wir gerade sehen: Einen Schmetterling, einen Apfel oder sogar bestimmte Buchstaben und Zahlen.

Schritt für Schritt werden wir in den nachfolgenden Abschnitten zeigen, wie diese Vorgänge in unserem Gehirn algorithmisch nachgebildet werden können.

Welche weiteren Bespiele von Systemen in unserem Körper fallen dir ein, bei denen neuronale Netze Informationen verarbeiten?

1.3 Modell eines Neurons

Um das Zusammenspiel mehrerer Neuronen mathematisch zu beschreiben, untersuchen wir **Eingangsneuronen**, die auf ein nachfolgendes Neuron A wirken (Bild 1.3). Dieses einfache Modell eines künstlichen neuronalen Netzes wird auch als **Perzeptron** bezeichnet.

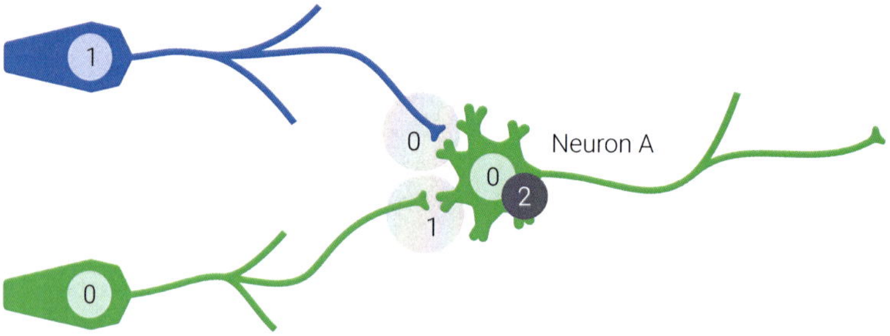

Bild 1.3 Perzeptron mit zwei Eingangsneuronen: Einfaches Modell eines neuronalen Netzes

Zur mathematischen Beschreibung der Zustände der Neuronen führen wir folgende Notation ein:

- Neuronen, die **nicht aktiviert** sind, werden mit 0 gekennzeichnet (und in unseren Bildern in grün dargestellt).
- Neuronen, die **aktiviert** sind, werden mit 1 gekennzeichnet (und in unseren Bildern in blau dargestellt).

Nun betrachten wir die Übertragung zwischen den Neuronen, also sämtliche Übergänge von einer Synapse auf einen Dendriten. Auch hier unterscheiden wir zwei Fälle (hellgraue Kreise in Bild 1.3):

- Das vorherige Neuron hat **keinen Einfluss** auf das nachfolgende (Neuron A), gekennzeichnet mit 0.
- Das vorherige Neuron hat **einen Einfluss** auf das nachfolgende (Neuron A), gekennzeichnet mit 1.

Biologisch bedeutet dies folgendes: Wenn ein Übergang mit einer 0 gekennzeichnet wird, dann besteht (aktuell) keine Verbindung zwischen den beiden Neuronen. Falls im Gegensatz eine feste Verbindung zwischen den Neuronen besteht, so wird dies mit einer 1 gekennzeichnet.

Zudem besitzt jedes Neuron einen **Schwellwert** mit folgender Bedeutung: Wenn die Summe der vorherigen aktivierten Neuronen mit einer festen Verbindung den Schwellwert erreicht, dann ist auch das entsprechende Neuron aktiviert (anderenfalls nicht).

In Bild 1.3 wird der Schwellwert von Neuron A durch die Zahl auf dem dunkelgrauen Kreis definiert. Zusammenfassend lässt sich das Vorgehen aufgrund der gewählten Notationen anhand der folgenden Rechenvorschrift beschreiben:

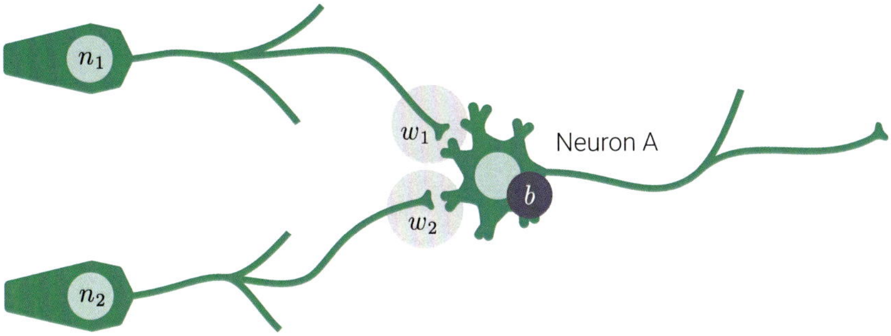

Das Neuron mit der Kennzeichnung A ist genau dann aktiviert, falls

$$n_1 \cdot w_1 + n_2 \cdot w_2 \geq b$$

gilt. Dabei sind n_1 und n_2 mit 0 oder 1 die Zustände der Eingangsneuronen (also aktiviert bzw. nicht aktiviert). Zudem sind w_1 und w_2 ebenfalls mit 0 oder 1 die sogenannten **Gewichte** (zwischen Synapsen und Dendriten) und b ist der Schwellwert zur Aktivierung von Neuron A.

Nach der gleichen Rechenvorschrift ist es natürlich auch möglich, dass nicht nur zwei, sondern beliebig viele Eingangsneuronen auf ein nachfolgendes Neuron wirken.

www.taralino.de/exercise/E9KYP6AV

Die Rechenvorschrift eines Perzeptrons lässt sich auch entsprechend einfach implementieren:

www.taralino.de/exercise/CV3GUSZ7

1.4 Aufbau als Netzwerk

In allen folgenden Betrachtungen wählen wir eine schematisch vereinfachte Darstellung neuronaler Netze: Die Gewichte sind nun Pfeilen zugeordnet und die Schwellwerte beziehen sich wie gehabt auf die Neuronen bzw. Knoten des Netzwerks (Bild 1.4).

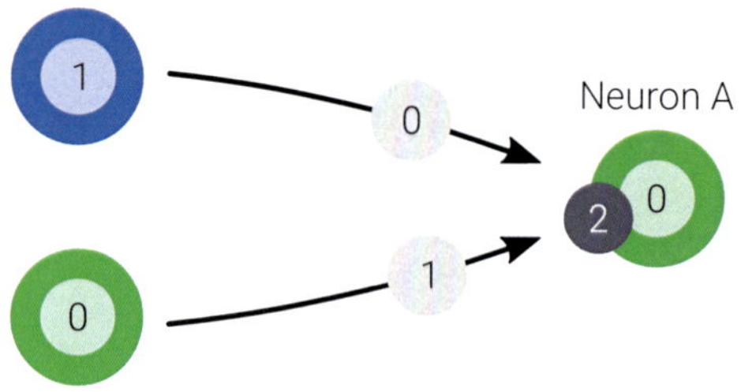

Bild 1.4 Vereinfachte Darstellung des Perzeptron-Modells

An der zuvor eingeführten Rechenvorschrift ändert die vereinfachte Darstellung natürlich nichts. Zudem hält uns auch nichts davon ab, deutlich komplexere neuronale Netze aufzubauen (Bild 1.5).

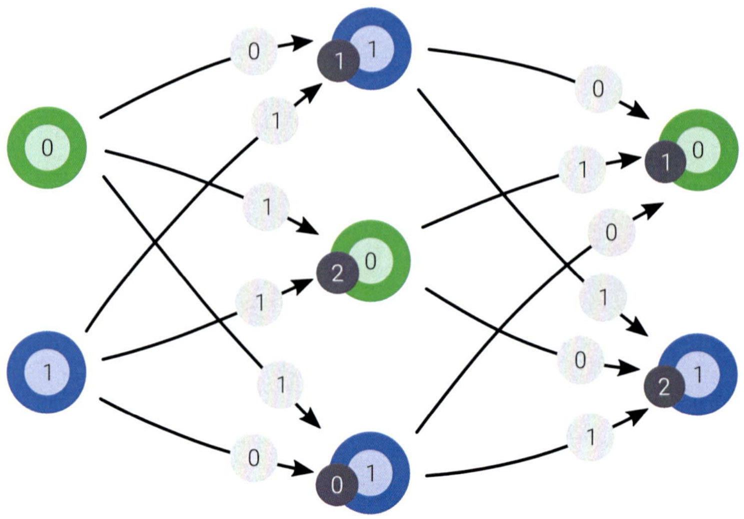

Bild 1.5 Ein neuronales Netz bestehen aus insgesamt drei Schichten in der vereinfachten Darstellung: Eingangsschicht, verborgene Schicht und Ausgangsschicht

Obwohl es auch andere Möglichkeiten gibt, untersuchen wir nur Netzwerke mit folgender Eigenschaft:

Wir untersuchen künstliche neuronale Netze, bei denen die Neuronen spaltenweise aufgebaut sind, in den sogenannten **Schichten**. Die Eingangsneuronen ganz links befinden sich in der **Eingangsschicht**, die Ausgangsneuronen ganz rechts in der **Ausgangsschicht**. Zwischen zwei aufeinanderfolgenden Schichten sind alle Neuronen miteinander verbunden (engl. **fully connected**).

Alle Schichten zwischen Eingangs- und Ausgangsschicht werden auch als **verborgene Schichten** bezeichnet. Die Werte der Neuronen der Eingangsschicht bezeichnen wir zusammengefasst als **Eingangssignal** und die Werte der Neuronen der Ausgangsschicht entsprechend als **Ausgangssignal**.

An dieser Stelle ist es aber wichtig, darauf hinzuweisen, dass auch bei beliebig komplexen Netzen weiterhin gilt:

Sind in einem künstlichen neuronalen Netz sämtliche Gewichte und Schwellwerte bekannt, so können die Zustände bzw. Werte der Ausgangsneuronen in Abhängigkeit der Zustände bzw. Werte der Eingangsneuronen bestimmt werden.

Die Zustände bzw. Werte der Neuronen werden iterativ (d. h. nacheinander in festgelegter Reihenfolge) bestimmt: Vorgegangen wird spalten- bzw. schichtweise von links nach rechts. Bezogen auf Bild 1.5 bedeutet dies, dass zunächst die drei Neuronen in der mittleren Spalte in Abhängigkeit der Eingangsneuronen zu bestimmen sind. Erst anschließend können die Werte der beiden Ausgangsneuronen ganz rechts berechnet werden.

www.taralino.de/exercise/EBYM6AJR

Prüfe anhand der folgenden Aufgabe, ob du die Inhalte bislang verstanden hast:

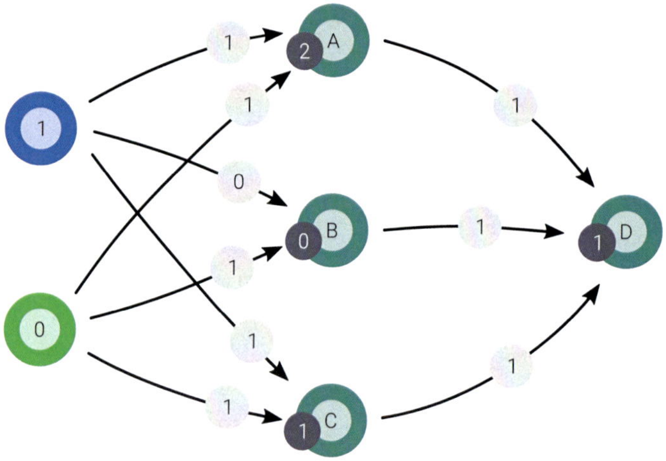

Bestimme die Zustände bzw. Werte der Neuronen A bis D in Abhängigkeit der bereits gewählten Zustände der Eingangsneuronen.

1.5 Beispiel: Schwarz-Weiß-Bilder

Mit dem erlangten Wissen über künstliche neuronale Netze sind wir bereits in der Lage, ein erstes Anwendungsbeispiel zu besprechen: ein neuronales Netz zur Klassifikation von Bildern.

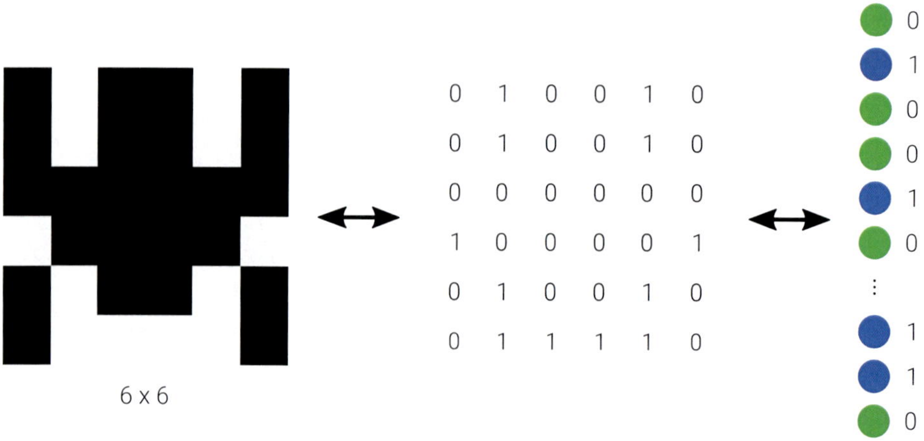

Bild 1.6 Zu jedem Bild, das ausschließlich weiße und schwarze Pixel besitzt, ergibt sich ein zugehöriges Eingangssignal eines neuronalen Netzes (und umgekehrt)

Dazu betrachten wir Schwarz-Weiß-Bilder und machen uns zunächst klar, dass (digitale) Bilder nichts anderes sind als eine gitterartige Anordnung einzelner kleiner Quadrate bzw. **Pixel** (Bild 1.6).

Die Pixel des Bildes sind entweder schwarz (kodiert als 0) oder weiß (kodiert als 1). Wenn wir die Zahlenwerte der Reihe nach von oben links nach unten rechts aneinanderreihen, so erhalten wir im Beispiel aus Bild 1.6 ein Datenfeld bestehend aus 36 Zahlen, die jeweils 0 oder 1 sind. Und dies bedeutet:

Jedes Schwarz-Weiß-Bild kann als Eingangssignal eines neuronalen Netzes aufgefasst werden (und umgekehrt).

Dies führt uns dazu, ein neuronales Netz aufzustellen, das in der Lage ist, die folgende Klassifikationsaufgabe zu lösen:

Die Aufgabe lautet, Schwarz-Weiß-Bilder bestehend aus 16 × 16 Pixel zu analysieren und eine Rückmeldung zu geben, ob es sich um einen Kreis (bzw. Buchstabe O) oder um ein Kreuz (bzw. Buchstabe X) handelt.

Ein Beispiel eines neuronale Netzes, um diese Klassifikationsaufgabe zu lösen, kann daher wie in Bild 1.7 gezeigt aufgebaut werden.

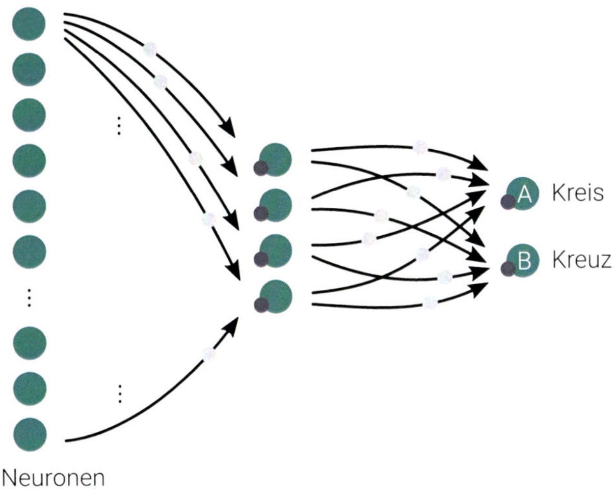

Bild 1.7 Ein neuronales Netz zur Klassifikation von Schwarz-Weiß-Bildern bestehend aus 16 × 16 Pixel: Es soll entschieden werden, ob es sich um ein Kreis oder ein Kreuz handelt

Die 256 Neuronen der Eingangsschicht dienen dazu, das Eingangssignal eines 16 × 16 Schwarz-Weiß-Bildes zu verarbeiten. Es folgt eine Schicht bestehend aus vier Neuronen sowie die Ausgangsschicht mit Neuron A und Neuron B. Die Bedeutung der Ausgangsneuron muss jedoch eindeutig definiert werden:

- Falls das Ausgangsneuron A aktiviert ist, dann wurde das Eingangssignal als Kreis erkannt.
- Falls das Ausgangsneuron B aktiviert ist, dann wurde das Eingangssignal als Kreuz erkannt.

Damit haben wir ein künstliches neuronales Netz aufgebaut und erhoffen uns, dass die Klassifikationsaufgabe ausreichend gut gelöst werden kann.

Wie gut das neuronale Netz die genannte Klassifikationsaufgabe tatsächlich lösen kann, hängt dabei vor allem davon ab, ob die Gewichte und Schwellwerte sinnvoll gewählt wurden.

Wie es funktionieren kann, demonstriert die Anwendung der nachfolgenden Aufgabe. Dabei wurden die Gewichte und Schwellwerte bereits bezüglich der Klassifikationsaufgabe gewählt. Man spricht davon, dass das KI-Modell **trainiert** wurde.

www.taralino.de/exercise/EVUCDKJX

Nachdem mit der Anwendung zuvor erste Erfahrungen gesammelt wurden, stellt sich die Frage, ob die Klassifikationsaufgabe durch das neuronale Netz gut gelöst werden konnte oder nicht. Möglichkeiten, um diese Frage zu beantworten, stellen wir im nachfolgenden Kapitel vor.

1.6 Verallgemeinerungen

Bislang haben wir künstliche neuronale Netze kennengelert und uns dabei eng am biologischen Vorbild orientiert. Aus mathematischer Sicht spricht allerdings vieles dafür, eine Reihe von Verallgemeinerungen vorzunehmen. Wir werden sehen, dass künstliche neuronale Netze dadurch deutlich effizienter werden – wohlwissend, dass wir von der Natur als Vorbild abweichen. Die erste und naheliegendste Verallgemeinerung lautet:

Für die Gewichte und Schwellwerte eines künstlichen neuronalen Netzes werden sämtliche (reelle) Zahlen zugelassen.

Dadurch lassen sich Beziehungen zwischen den Neuronen deutlich besser modellieren, insbesondere auch negative Abhängigkeiten. Zudem können auch die Eingangsneuronen verallgemeinert werden:

Für die Eingangsneuronen werden nicht nur die Werte 0 und 1 zugelassen, sondern auch (reelle) Zahlen zwischen 0 und 1.

An der grundlegenden Berechnung hat sich trotz der Verallgemeinerungen aber nichts geändert:

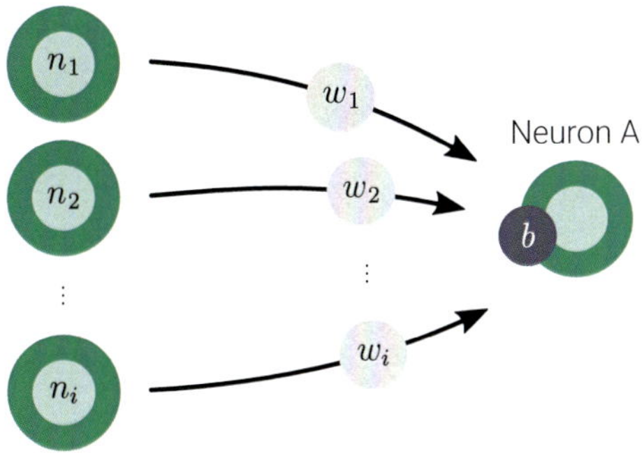

Das Neuron mit der Kennzeichnung A ist genau dann aktiviert, falls

$$n_1 \cdot w_1 + n_2 \cdot w_2 + \ldots + n_i \cdot w_i \geq b$$

gilt.

Ein Beispiel, was wir bislang erreicht haben, zeigt Bild 1.8.

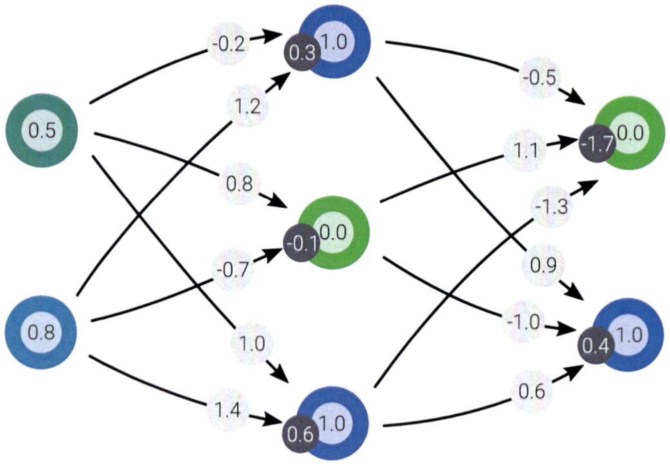

Bild 1.8 Beispiel eines neuronalen Netzes samt der bislang eingeführten Verallgemeinerungen

www.taralino.de/exercise/EXN5H5NF

Ergänzend dient die folgende Aufgabe der eigenen Lernerfolgskontrolle:

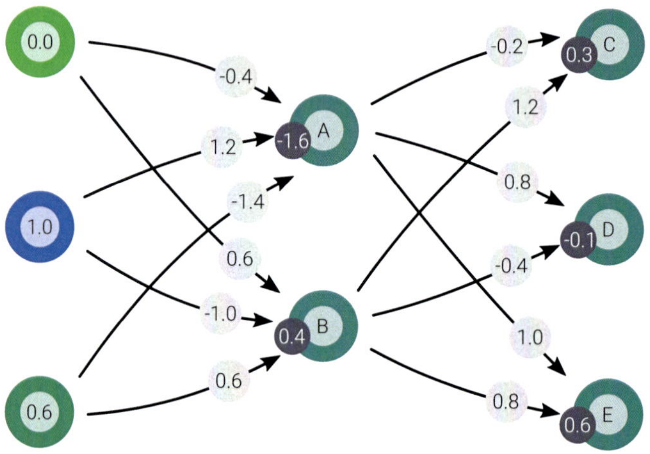

Bestimme die Zustände bzw. Werte der Neuronen A bis E in Abhängigkeit der bereits gewählten Zustände der Eingangsneuronen.

1.7 Aktivierungsfunktion

Im Abschnitt zuvor haben wir bereits die Verallgemeinerung zugelassen, dass Eingangsneuronen nicht nur die Werte 0 und 1 annehmen können, sondern auch (reelle) Zahlen zwischen 0 und 1. Für alle anderen Neuronen ergibt das Modell aber weiterhin nur aktiviert (1) bzw. nicht aktiviert (0). Um dies zu verändern, führen wir folgende Definition ein:

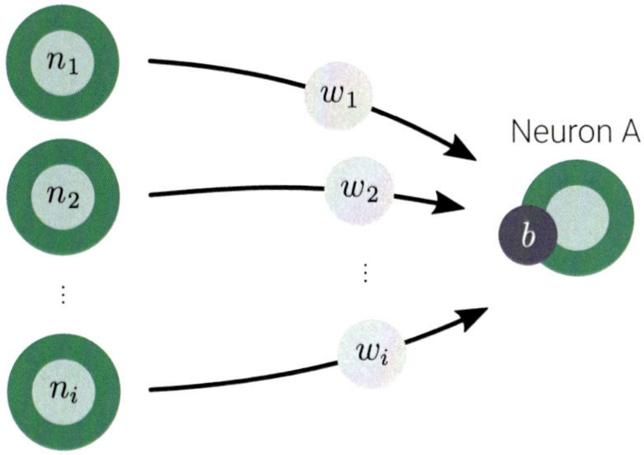

Der Wert von Neuron A wird im Folgenden stets bestimmt durch:

$$\varphi(x) \qquad \text{mit} \qquad x = n_1 \cdot w_1 + n_2 \cdot w_2 + \ldots + n_i \cdot w_i - b$$

Dabei ist $\varphi(x)$ eine geeignete **Aktivierungsfunktion**.

Dabei ist zu bemerken, dass die Variable x als Differenz zwischen gewichteten Summe der einwirkenden Neuronen und Schwellwert definiert wurde:

$$x = \text{gewichtete Summe} - \text{Schwellwert}$$

Beachte, dass $x \geq 0$ gleichbedeutend ist mit

$$n_1 \cdot w_1 + n_2 \cdot w_2 + \ldots + n_i \cdot w_i \geq b.$$

Die bislang verwende Regel zu Bestimmung des Wertes von Neuron A ist damit identisch zur folgenden Rechenvorschrift:

$$\text{Wert von Neuron A} = \varphi(x) = \begin{cases} 1 & \text{falls } x \geq 0 \\ 0 & \text{falls } x < 0 \end{cases}$$

Damit haben wir einer erste Aktivierungsfunktion definiert, nämlich die Stufenfunktion (Bild 1.9).

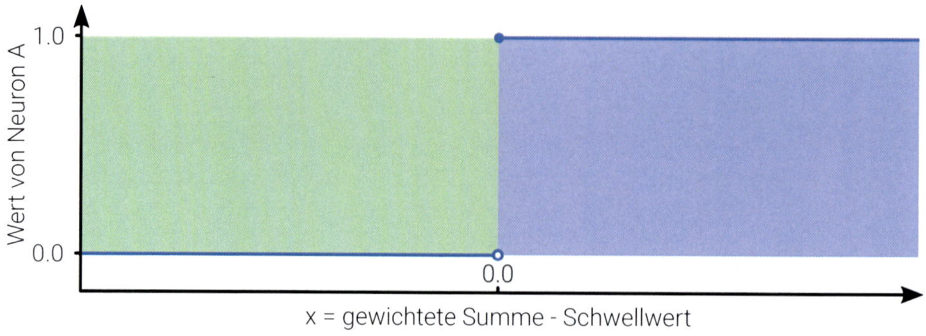

Bild 1.9 Graph der Stufenfunktion. Die Hintergrundfarben (grün und blau) veranschaulichen den Wert von Neuron A in Abhängigkeit von x

Anhand von Bild 1.9 wird aber auch deutlich, welche Verallgemeinerung wir vornehmen möchten: Statt des sprunghaften Übergangs von 0 auf 1 in Abhängigkeit von x möchten wir einen weichen (d. h. stetigen bzw. stetig differenzierbaren) Übergang modellieren. Und genau dies führt uns zu folgender Definition:

Eine in vielerlei Hinsicht sinnvolle und häufig verwendete Aktivierungsfunktion ist die **Sigmoid-Funktion** (Bild 1.10):

$$\varphi(x) = \frac{1}{1 + \exp(-x)}$$

Unter Verwendung der Sigmoid-Funktion erhalten alle Neuronen einen Wert zwischen 0 und 1.

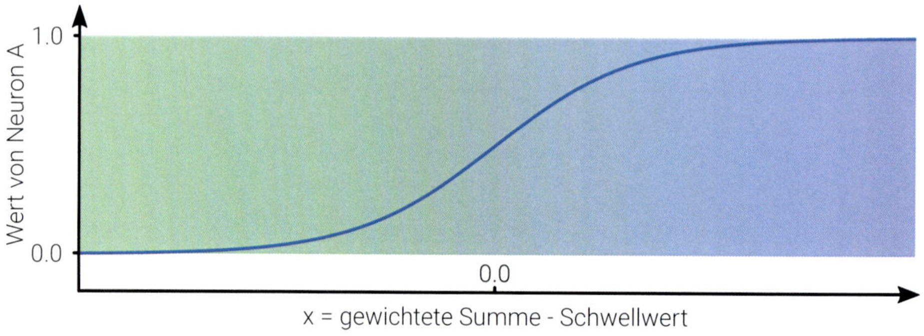

Bild 1.10 Graph der Sigmoid-Funktion. Die Hintergrundfarben (von grün nach blau) veranschaulichen den Wert von Neuron A in Abhängigkeit von x

Neben der Sigmoid-Funktion existieren noch weitere Aktivierungsfunktionen, die sich für den Einsatz in neuronalen Netzen eignen. Im weiteren Verlauf werden wir jedoch der Einfachheit halber durchgehend die Sigmoid-Funktion verwenden.

www.taralino.de/exercise/EH7RRQVN

Zur Wissenssicherung dient auch die folgende Aufgabe:

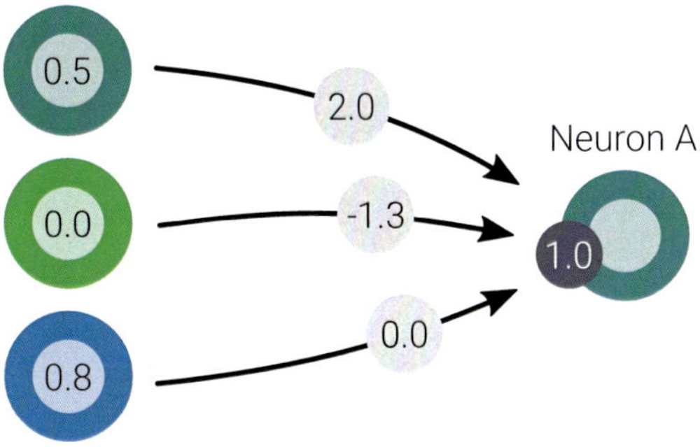

Bestimme den Zustand bzw. Wert von Neuron A. Verwende dazu die Sigmoid-Aktivierungsfunktion.

Der folgende Quellcode demonstriert schließlich die Rechenvorschrift eines einzelnen Perzeptrons unter Verwendung der Sigmoid-Aktivierungsfunktion:

www.taralino.de/exercise/CA6B2DQ4

1.8 Zusammenfassung

Wir haben damit bereits alle Grundlagen geschaffen, um neuronale Netze verstehen und auswerten zu können. Daher fassen wir die wichtigsten Erkenntnisse in diesem Abschnitt zusammen.

Ein neuronales Netz besteht aus mehreren Schichten, wobei jede Schicht aus einer festen Anzahl an Neuronen besteht (Bild 1.11). Zwischen zwei aufeinanderfolgenden Schichten sind alle Neuronen miteinander verbunden.

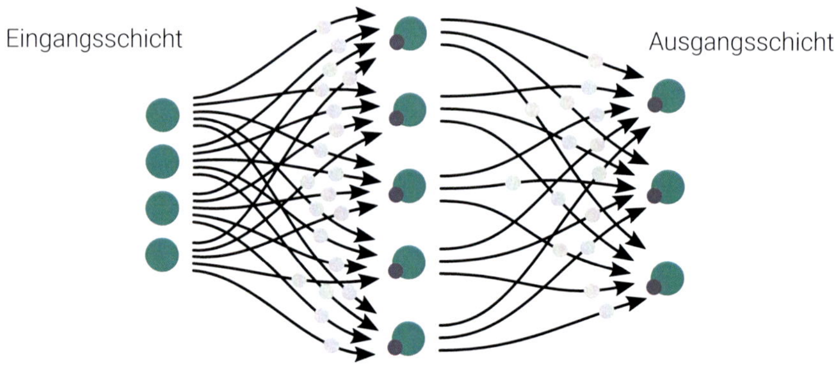

Bild 1.11 Beispiel eines neuronalen Netzes bestehend aus vier Eingangsneuronen, drei Ausgangsneuronen sowie einer verborgenen Schicht mit fünf Neuronen

Ein neuronales Netz kann eingesetzt werden, um eine konkrete Aufgabe zu lösen (z. B. eine Klassifikationsaufgabe). Dabei muss aber jeweils genau definiert werden, was die Eingangsneuronen bedeuten und wie die Werte der Ausgangsneuronen zu interpretieren sind. Es gilt jedoch:

Sind in einem neuronalen Netz sämtliche Gewichte und Schwellwerte bekannt und sind die Werte der Eingangsneuronen gegeben, so können auch die Werte der Ausgangsneuronen bestimmt werden.

Die Rechenvorschrift, um ein neuronales Netz (neuronen- bzw. schichtweise) auszuwerten, ist (unter Verwendung der Sigmoid-Aktivierungsfunktion) folgende:

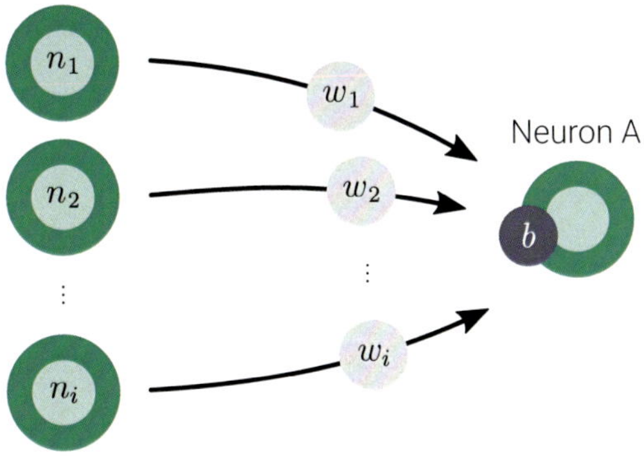

Der Wert von Neuron A ergibt sich durch folgende Rechenvorschrift:

$$\frac{1}{1 + \exp\left(b - n_1 \cdot w_1 - n_2 \cdot w_2 - \ldots - n_i \cdot w_i\right)}$$

Unter der Annahme, dass Gewichte und Schwellwerte eines neuronalen Netzes bezogen auf die zu lösende Aufgabe sinnvoll gewählt wurden, gilt folgende Aussage:

Die Werte der Ausgangsneuronen eines neuronalen Netzes liefern eine Vorhersagewahrscheinlichkeit bezogen auf die Aufgabenstellung, die das neuronale Netz lösen soll.

Ob es sich um eine zuverlässige Vorhersage handelt, kann dabei aber nicht ohne Weiteres sichergestellt werden. Offen bleibt zudem die Frage, wie künstliche neuronale Netze trainiert werden können, d. h., wie die Gewichte und Schwellwerte bezüglich einer konkreten Aufgabenstellung bestimmt werden können. Darauf gehen wir in den nächsten Kapiteln näher ein.

Reflektiere, ob du sämtliche Inhalte dieser Zusammenfassung verstanden hast. Das ist wichtig, da alle nachfolgenden Beispiele und Verfahren darauf aufbauen werden.

1.9 Beispiel: Schwertlilien

Ein weiteres Lehrbeispiel ist die Klassifikation von Schwertlilien (Bild 1.12).

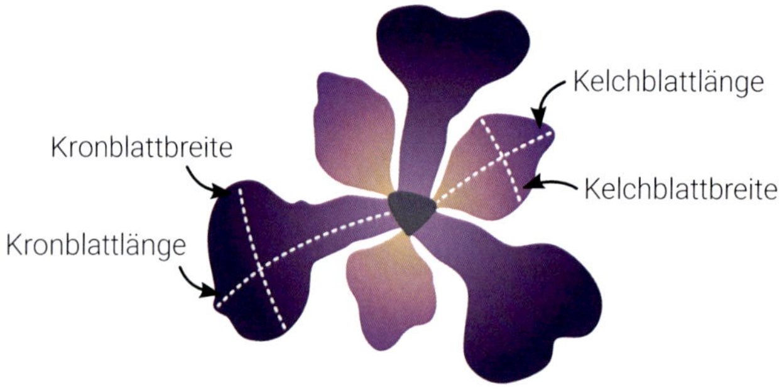

Bild 1.12 Kelch- und Kronblätter einer Schwertlilie

Die Aufgabe besteht darin, Blumen der Gattung Schwertlilie (Iris) anhand der Größe der Blütenblätter hinsichtlich dreier Arten der Gattung zu klassifizieren:

Klasse	Name der Art	Wissenschaftlicher Name
1	Borsten-Schwertlilie	Iris setosa
2	Verschiedenfarbige Schwertlilie	Iris versicolor
3	Virginische Schwertlilie	Iris virginica

Um die Klassifikationsaufgabe zu lösen, verwenden wir das neuronales Netz aus Bild 1.13.

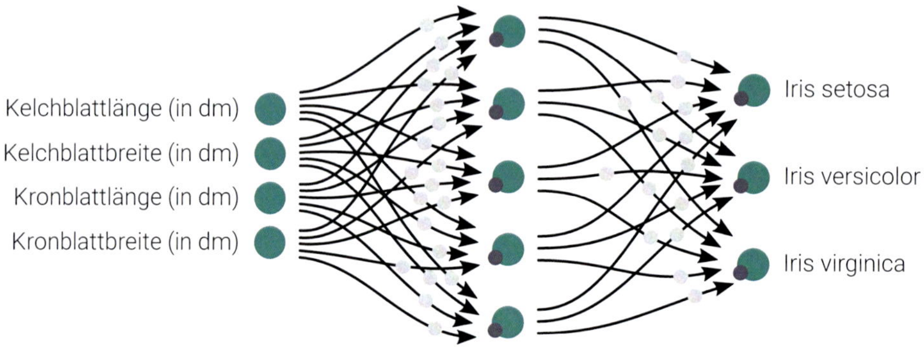

Bild 1.13 Ein neuronales Netz zur Klassifikation von Schwertlilien

Bei den Eingangsneuronen wurde bewusst die Einheit Dezimeter (dm) gewählt, da wir dadurch jeweils einen Zahlenwert zwischen 0 und 1 pro Eingangsneuron erhalten (größer als 1 dm = 10 cm sind die Blütenblätter in der Natur eigentlich nie). Die Werte der Ausgangsneuronen sind folgendermaßen zu verstehen:

Je größer der Wert eines Ausgangsneurons, desto wahrscheinlicher gehört die zum Eingangssignal gehörige Blume der entsprechenden Art des Ausgangsneurons an.

Im besten Falle ergeben sich Ausgangssignale, bei denen genau ein Ausgangsneuron einen Wert von ungefähr 1 hat und alle anderen Ausgangsneuronen einen Wert nahe 0. Aber Achtung:

Selbst bei einem recht eindeutigen Klassifikationsergebnis aufgrund des Ausgangssignals kann keineswegs davon ausgegangen werden, dass das Ergebnis tatsächlich korrekt ist.

Und natürlich muss das neuronale Netz zunächst trainiert werden, d. h., es müssen geeignete Gewichte und Schwellwerte gefunden werden, um überhaupt brauchbare Ergebnisse zu erzielen.

www.taralino.de/exercise/ETY7ZSDN

Wer sich ergänzend zur Anwendung davon überzeugen möchte, dass es kein Hexenwerk ist, ein neuronales Netz zur Auswertung von Eingangssignalen zu implementieren, kann sich den folgenden Quellcode anschauen:

www.taralino.de/exercise/CMBSSZYW

1.10 Beispiel: Strichzeichnungen

Dank der Verallgemeinerungen können auch Schwarz-Weiß-Bilder mit beliebigen Graustufen klassifiziert werden. Bild 1.14 veranschaulicht, dass die Bilder wie zuvor kodiert werden können, wobei nun zu jedem Bildpunkt ein Zahlenwert auch zwischen 0 (schwarz) und 1 (weiß) gewählt werden kann.

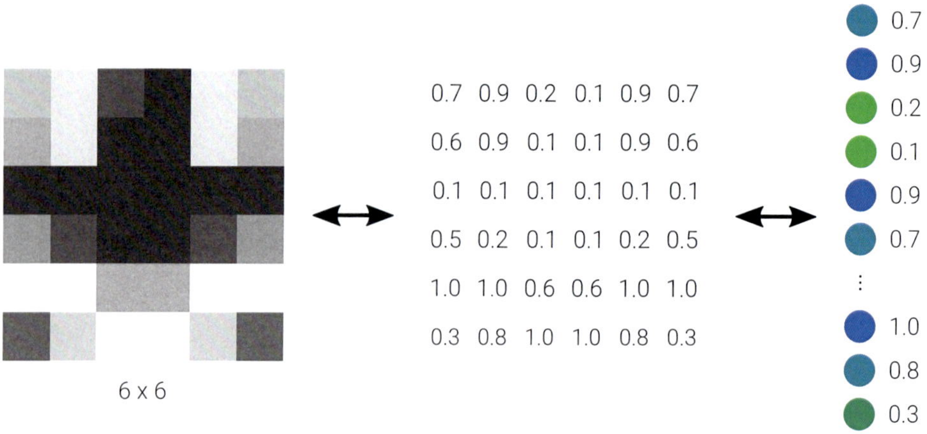

Bild 1.14 Zu jedem Schwarz-Weiß-Bild ergibt sich ein zugehöriges Eingangssignal eines neuronalen Netzes (und umgekehrt)

Wir sind damit in der Lage, die folgende Klassifikationsaufgabe zu untersuchen:

Die Aufgabe lautet, Strichzeichnungen in Form von Schwarz-Weiß-Bildern bestehend aus 40 × 40 Pixel zu analysieren. Genauer sollen Strichzeichnungen bezüglich der folgenden vier Objekte klassifiziert werden:

Als Lösungsansatz kommt ein neuronales Netz gemäß Bild 1.15 zum Einsatz.

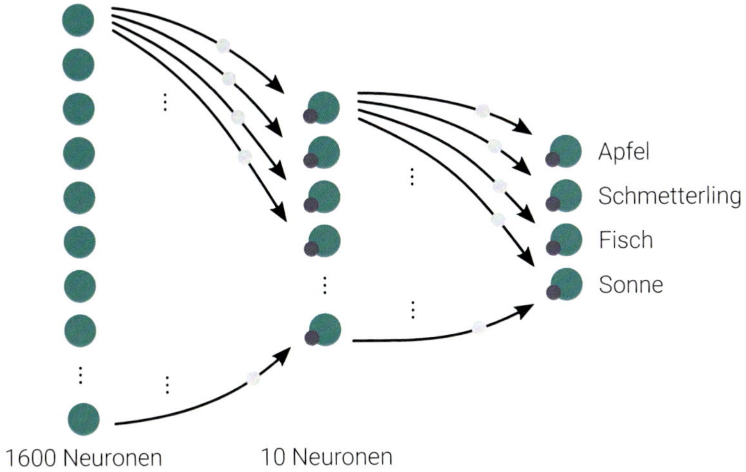

Bild 1.15 Ein neuronales Netz zur Klassifikation von Strichzeichnungen

Zu jeder Strichzeichnung bestehend aus 40 × 40 Pixel und damit zu jedem Eingangssignal bestehend aus 1600 Neuronen erhalten wir demnach die Werte von vier Ausgangsneuronen.

Je größer der Wert eines Ausgangsneurons, desto wahrscheinlicher handelt es sich bei der Strichzeichnung des Eingangssignals um das entsprechende Objekt.

Dabei nehmen wir auch hier an, dass das neuronale Netz bereits geeignet trainiert wurde, d. h., dass die Gewichte und Schwellwerte bezüglich der geforderten Aufgabe sinnvoll gewählt wurden. Ohne eine ausführliche Testphase (mehr dazu im nachfolgenden Kapitel) wissen wir jedoch keineswegs, ob unsere Annahme stimmt bzw. ob das neuronale Netz die Aufgabe überhaupt lösen kann.

www.taralino.de/exercise/EZ52ZA4B

2 Neuronale Netze testen

In diesem Kapitel beantworten wir folgende Fragen:

- Wie sehen Datensätzen zum Trainieren und Testen neuronaler Netze aus, falls eine Klassifikationsaufgabe gelöst werden soll?
- Wie kann ein bereits trainiertes neuronales Netz getestet werden?
- Warum ist die Konfusionsmatrix eine geeignete Methoden zur Analyse einer Klassifikationsaufgabe?

2.1 Datensätze

Die wesentliche Grundlage sämtlicher Verfahren des maschinellen Lernens sind **Daten**. Falls eine Klassifikationsaufgabe gelöst werden soll, ist ein **Datensatz** jedoch nichts anderes als eine Tabelle von Zahlen, in der Erfahrungswerte als **Objekte** samt bekanntem Klassifikationsergebnis, dem sogenannten **Label**, bereitgestellt werden:

	Merkmal 1	Merkmal 2	...	Merkmal n	Label
Objekt 1	Zahlenwert	Zahlenwert	...	Zahlenwert	Index
Objekt 2	Zahlenwert	Zahlenwert	...	Zahlenwert	Index
...					
Objekt m	Zahlenwert	Zahlenwert	...	Zahlenwert	Index

Die Spalten des Datensatzes bzw. der Tabelle (mit Ausnahme der letzten Spalte) beschreiben die **Merkmale** der Daten. Das Label der Objekte wird (im Kontext von Klassifikationsaufgaben) in der Regel durch den Index der Klasse beschrieben.

Zum Trainieren und Testen eines neuronalen Netzes sind derartige Datensätze die wesentliche Grundlage, wie wir im Folgenden genauer verstehen werden.

2.2 Beispiel: Schwertlilien

Um ein neuronales Netz zur Klassifikation von Schwertlilien trainieren und testen zu können, werden von zahlreichen Blüten jeweils die Längen und Breiten der Kron- und Kelchblätter verwendet (Abschnitt 1.9):

Merkmal 1	Kelchblattlänge (in dm)
Merkmal 2	Kelchblattbreite (in dm)
Merkmal 3	Kronblattlänge (in dm)
Merkmal 4	Kronblattbreite (in dm)

Zudem muss eine Information darüber bekannt sein, um welche Art es sich bei jedem Objekt handelt. Dies wird über das Label spezifiziert:

Index	Name der Art	Wissenschaftlicher Name
1	Borsten-Schwertlilie	Iris setosa
2	Verschiedenfarbige Schwertlilie	Iris versicolor
3	Virginische Schwertlilie	Iris virginica

Alle Informationen von bereits klassifizierten Schwertlilien werden im Datensatz zusammengetragen:

Merkmal 1	Merkmal 2	Merkmal 3	Merkmal 4	Label
0.51	0.35	0.14	0.02	1
0.70	0.32	0.47	0.14	2
0.63	0.33	0.60	0.25	3
0.49	0.30	0.14	0.02	1
0.64	0.32	0.45	0.15	2
0.58	0.27	0.51	0.19	3
...	...	...	...	...
0.47	0.32	0.13	0.02	1
0.69	0.31	0.49	0.15	2
0.71	0.30	0.59	0.21	3

Ein derartiger Datensatz kann verwendet werden, um ein neuronales Netz zur Lösung der zugehörigen Klassifikationsaufgabe zu trainieren (Bild 1.13).

Bestenfalls liefert das neuronale Netz zu jedem Eingangssignal ein zugehöriges Ausgangssignal, bei dem genau ein Ausgangsneuron einen Wert von 1 hat und alle anderen den Wert 0 haben.

Gemäß dieser Logik kann jedes Objekt des Datensatzes zuvor in Eingangssignal und (gewünschtes) Ausgangssignal überführt werden:

Eingangssignal	Ausgangssignal (gewünscht)	Label
(0.51, 0.35, 0.14, 0.02)	(1, 0, 0)	1
(0.70, 0.32, 0.47, 0.14)	(0, 1, 0)	2
(0.63, 0.33, 0.60, 0.25)	(0, 0, 1)	3
(0.49, 0.30, 0.14, 0.02)	(1, 0, 0)	1
(0.64, 0.32, 0.45, 0.15)	(0, 1, 0)	2
(0.58, 0.27, 0.51, 0.19)	(0, 0, 1)	3
...	...	...
(0.47, 0.32, 0.13, 0.02)	(1, 0, 0)	1
(0.69, 0.31, 0.49, 0.15)	(0, 1, 0)	2
(0.71, 0.30, 0.59, 0.21)	(0, 0, 1)	3

Die Tabelle liefert genau die Informationen, die für die Trainingsphase eines neuronalen Netzes benötigt werden:

Während der **Trainingsphase** werden die Gewichte und Schwellwerte eines neuronalen Netzes derart bestimmt, sodass die Ausgangssignale der am neuronalen Netz ausgewerteten Eingangssignale möglichst dem jeweils gewünschten Ausgangssignal entsprechen.

Dabei kommen mathematische Verfahren zum Einsatz, auf die wir im nachfolgenden Kapitel eingehen werden. Es sei jedoch an dieser Stelle bemerkt, dass während der Trainingsphase auch der Zufall eine Rolle spielt. Zudem ist es weder praktisch noch theoretisch möglich, die Gewichte und Schwellwerte derart zu bestimmen, sodass die Ausgangssignale der am neuronalen Netz ausgewerteten Eingangssignale exakt dem jeweils gewünschten Ausgangssignal entsprechen.

www.taralino.de/exercise/EPRYXLFQ

2.3 Trainings- und Testdaten

Selbst wenn ein neuronales Netz (wie im Beispiel zuvor) recht zuverlässige Ergebnisse liefert, kann keineswegs davon ausgegangen werden, dass dies immer der Fall ist:

Es besteht die Möglichkeit, dass während der Trainingsphase die Gewichte und Schwellwerte derart bestimmt werden, sodass eine Klassifikationsaufgabe lediglich bezogen auf die Trainingsdaten zuverlässig gelöst werden kann.

Daher wird eine **Testphase** benötigt, die durchzuführen ist, nachdem das neuronale Netz trainiert wurde. Die grundlegende Vorgehensweise ist also folgende:

1. Anhand von **Trainingsdaten** wird das neuronale Netz dahingehend trainiert, sodass die Klassifikationsaufgabe (bezogen auf die Trainingsdaten) möglichst gut gelöst wird.
2. Anschließend werden **Testdaten** verwendet, um das (bereits trainierte) neuronale Netz zu testen. Ziel bzw. Wunsch ist es, möglichst viele der Testobjekte korrekt zu klassifizieren.

Genau wie bei den Trainingsdaten benötigen wir auch bei den Testdaten Eingangssignale samt Klassifikationsergebnis bzw. Label. Wenn wir nur einen Datensatz haben (z. B. bestehend aus 150 Blüten mit jeweils bekannter Art der Schwertlilien), dann wird dieser zufällig in Trainigs- und Testobjekte aufgeteilt (Bild 2.1).

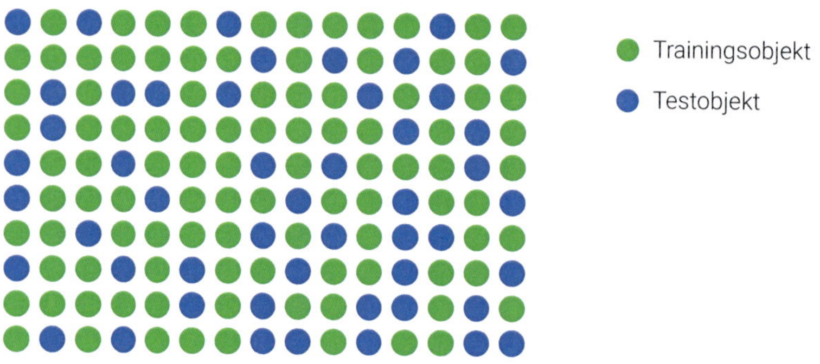

Bild 2.1 Zufällige Aufteilung der 150 Objekte eines Datensatzes in 100 Trainingsobjekte und 50 Testobjekte

Im einfachsten Falle besteht eine Testphase darin, zu zählen, wie viele Testobjekte korrekt klassifiziert werden. Dabei gilt:

Um sich gemäß eines Ausgangssignals für ein Klassifikationsergebnis zu entscheiden, wird jeweils die Kategorie bzw. Klasse gewählt, dessen Ausgangsneuron den größten Wert hat.

Ein Testobjekt gilt demnach als korrekt klassifiziert, falls das Klassifikationsergebnis des neuronalen Netzes dem Label des Testobjekts entspricht.

Eingangssignal	Label	Ausgangssignal	Klassifikationsergebnis
(0.5, 0.3, 0.1, 0.0)	1	(0.8, 0.1, 0.0)	1 (korrekt klassifiziert)
(0.7, 0.3, 0.4, 0.1)	2	(0.4, 0.0, 0.8)	3 (nicht korrekt)
(0.6, 0.3, 0.6, 0.2)	3	(0.0, 0.0, 1.0)	3 (korrekt klassifiziert)
(0.4, 0.3, 0.1, 0.0)	1	(0.2, 0.0, 0.1)	1 (korrekt klassifiziert)
(0.6, 0.3, 0.4, 0.1)	2	(0.0, 0.9, 0.1)	2 (korrekt klassifiziert)
(0.5, 0.2, 0.5, 0.1)	3	(0.3, 0.4, 0.3)	2 (nicht korrekt)

Es ist aber weiterhin zu beachten, dass der Zufall eine zentrale Rolle spielt: sowohl bei der Aufteilung eines Datensatzes in Trainings- und Testdaten als auch beim Trainieren des neuronalen Netzes. Von daher ist es ratsam, die zufällige Aufteilung eines Datensatzes in Trainings- und Testdaten sowie das Trainieren und Testen mehrfach durchzuführen.

www.taralino.de/exercise/EJMQYLSA

2.4 Konfusionsmatrix

Beim Testen eines neuronalen Netzes, das zur Lösung eine Klassifikationsaufgabe verwendet wird, können neben der Information, wie hoch der Anteil der korrekt klassifizierten Testdaten ist, noch weitere Ergebnisse ermittelt werden.

Die **Wahrheitsmatrix** oder **Konfusionsmatrix** ist eine Tabelle, welche das Ergebnis der Testphase differenziert nach den Kategorien einer Klassifikationsaufgabe beschreibt.

Ein Beispiel einer Konfusionsmatrix zur Schwertlilien-Klassifikationsaufgabe veranschaulicht Bild 2.2. Gemäß der Anzahl der Klassen bzw. Kategorien besitzt die Tabelle drei Spalten und drei Zeilen. Gezählt wird jeweils, wie viele Testobjekte (mit bekannter Zugehörigkeit) als was (d. h. welche Art der Schwertlilie) klassifiziert wurden.

Klassifikationsergebnis →
bekannte Zugehörigkeit ↓

	Iris setosa	Iris versicolor	Iris virginica
Iris setosa	16	0	0
Iris versicolor	1	14	2
Iris virginica	1	3	13

Bild 2.2 Die Konfusionsmatrix als Ergebnis der Testphase eines neuronalen Netzes zur Klassifikation von Schwertlilien

Entsprechend können Bild 2.2 zahlreiche Informationen entnommen werden. Unter anderem:

- Es wurden alle 16 Testobjekte der Iris setosa auch tatsächlich als Iris setosa erkannt.
- Es wurden 3 Testobjekte der Iris virginica als Iris versicolor klassifiziert.
- Insgesamt beinhalten die Testdaten 50 Testobjekte (Summe aller Einträge der Tabelle).
- Es wurden 43 Testobjekte korrekt klassifiziert (Summer der Einträge auf der Diagonalen von oben links nach unten rechts). Dies entspricht 86 Prozent.

Die Beispiele zeigen, welche Aussagekraft die Konfusionsmatrix besitzt.

www.taralino.de/exercise/EXHZMS3Q

Auch die folgende Aufgabe soll dein Wissen zur Konfusionsmatrix festigen:

Stelle dir ein neuronales Netz vor, das Pilze anhand äußerer Erscheinungsmerkmale in essbar und giftig klassifiziert. Eine Testphase ergibt folgende Konfusionsmatrix:

Klassifikationsergebnis →
bekannte Zugehörigkeit ↓

	Pilz essbar	Pilz giftig
Pilz essbar	51	2
Pilz giftig	10	37

Welche Informationen kannst du der Konfusionsmatrix entnehmen? Überlege, ob das neuronale Netz bezüglich der Aufgabe ausreichend zuverlässige Ergebnisse liefert.

Abschließend zeigt der folgende Quellcode, wie einfach es unter Verwendung der taralino-Bibliothek sein kann, ein neuronales Netz zu trainieren und testen:

www.taralino.de/exercise/CETLDDZN

2.5 Beispiel: Strichzeichnungen

In diesem Abschnitt untersuchen wir erneut ein neuronales Netz bezüglich der Aufgabe, Schwarz-Weiß-Bilder bestehend aus 40×40 Pixel in unterschiedliche Objekte zu klassifizieren (Bild 1.15):

Index	Objekt
1	Apfel
2	Schmetterling
3	Fisch
4	Sonne

Ein notwendiger Datensatz zum Trainieren und Testen besteht somit aus 1600 Merkmalen bzw. Spalten sowie dem zugehörigen Label:

Pixel 1	Pixel 2	...	Pixel 1600	Label
0.03	0.06	...	0.80	3 = Fisch
0.00	0.40	...	0.87	4 = Sonne
0.07	0.23	...	0.03	2 = Schmetterling
0.15	0.13	...	0.02	4 = Sonne
...	...	...	...	...
0.06	0.04	...	0.01	1 = Apfel
0.40	0.81	...	0.00	3 = Fisch

Konkret verwenden wir ein Datensatz bestehend aus insgesamt 5000 Strichzeichnungen mit jeweils bekanntem Klassifikationsergebnis.

Der Datensatz wird zufällig aufgeteilt in Trainingsdaten (4000 Strichzeichnungen) und Testdaten (1000 Strichzeichnungen).

Nach der Trainingsphase wird das neuronale getestet. Ein mögliches Ergebnis ist die Konfusionsmatrix aus Bild 2.3.

Klassifikationsergebnis →
bekannte Zugehörigkeit ↓

	Apfel	Schmetterling	Fisch	Sonne
Apfel	239	10	5	4
Schmetterling	10	206	8	23
Fisch	0	11	221	2
Sonne	6	43	4	208

Bild 2.3 Die Konfusionsmatrix als Ergebnis der Testphase eines neuronalen Netzes zur Klassifikation von Strichzeichnungen

Der Darstellung können wieder zahlreiche Informationen entnommen werden. Zum Beispiel:

- Es wurden über 87 Prozent der Testdaten korrekt klassifiziert.
- Es wurden überdurchschnittlich viele Strichzeichnungen einer Sonne als Schmetterling erkannt.
- Nur 13 von 234 Strichzeichnungen eines Fisches wurden nicht korrekt klassifiziert.

Es sollte dir nun möglich sein, diese Aussagen anhand der Konfusionsmatrix nachzuvollziehen.

www.taralino.de/exercise/E6RD24TW

2.6 Zusammenfassung

Trotz der durchaus positiven Ergebnisse gilt es, grundsätzlich achtsam mit neuronalen Netzen umzugehen. Daher fassen wir nochmals zusammen:

Es ist wichtig, die Trainings- und Testphase mehrfach durchzuführen, jeweils mit einer unterschiedlichen und zufälligen Aufteilung des zugrundeliegenden Datensatzes in Trainings- und Testdaten.

Das neuronale Netz kann (wenn überhaupt) nur dann als sinnvoll erachtet werden, wenn die Ergebnisse der Testphase (z. B. die Konfusionsmatrizen) jeweils qualitativ ähnlich sind.

Hintergrund der Aussage zuvor ist, dass sowohl die Aufteilung des Datensatzes als auch die Trainingsphase zufallsbestimmt ist. Ergeben sich bei unterschiedlichen Durchläufen qualitativ unterschiedliche Konfusionsmatrizen, so weiß man nicht, welchem Ergebnis zu trauen ist.

Selbst wenn ein neuronales Netz bezüglich einer Klassifikationsaufgabe sehr gute Ergebnisse liefert, gilt dies nur dann, wenn Eingangssignale ausgewertet werden, die auch zu den Trainingsdaten passen. Beispielsweise macht es keinen Sinn, eine Strichzeichnung einer Blume an einem neuronalen Netze zur Klassifikation in Apfel, Schmetterling, Fisch und Sonne auszuwerten.

Das Risiko zuvor kann auch anders formuliert werden: Ein neuronales Netz liefert immer ein Ergebnis. Das Ergebnis hat aber (wenn überhaupt) nur dann eine Aussagekraft, wenn das Eingangssignal auch zu den Trainings- und Testdaten passt.

3 Neuronale Netze trainieren

In diesem Kapitel beantworten wir folgende Fragen:

- Wie können neuronale Netze zur Lösung von Klassifikationsaufgaben trainiert werden?
- Welchen Einfluss hat das Layout eines neuronalen Netzes auf die Vorhersagegenauigkeit?
- Warum führt eine ausführlichere Trainingsphase nicht zwangsläufig zu besseren Testergebnissen (Stichwort Overfitting)?

3.1 Klassifikationsaufgaben

Auch in diesem Kapitel befassen wir uns konkret mit Klassifikationsaufgaben, um die Trainingsphase neuronaler Netze zu besprechen. Daher fassen wir in diesem Abschnitt einige Aussagen zusammen, die wir in den Beispielen zuvor bereits stillschweigend angenommen haben.

Eine Klassifikationsaufgabe ist dann gegeben, wenn anhand gewisser Merkmale eines Objekts entschieden werden soll, welcher Kategorie bzw. Klasse das Objekt (wahrscheinlich) angehört.

Wie wir gelernt haben, sind neuronale Netze eine Möglichkeit, um Klassifikationsaufgaben zu lösen. Sinnvoll ist das Vorhaben aber nur dann, wenn einige Voraussetzungen bzw. Annahmen erfüllt sind, die wir uns stets vor Augen führen sollten:

1. Es ist bekannt, um welche Klassen es sich handelt (beispielsweise drei Arten der Schwertlilie).
2. Es ist ein (ausreichend großer) Datensatz vorhanden, bei dem zu jedem Objekt das Klassifikationsergebnis (Label) bekannt ist.
3. Sämtliche Objekte gehören genau einer der bekannten Klassen an.
4. Objekte, die zur selben Klasse gehören, weisen gewisse Ähnlichkeiten auf.

Interessant dabei ist insbesondere die letzte Annahme: Ob Objekte einer Klasse gewisse Ähnlichkeiten aufweisen, lässt sich dabei ggf. gar nicht ohne Weiteres vorhersagen. Ist die Annahme aber nicht erfüllt, dann kann die Klassifikationsaufgabe auch nicht zufriedenstellend gelöst werden – was sich spätestens in der Testphase zeigen wird.

3.2 Beispiel: Bunte Punkte

Bevor wir schließlich die Trainingsphase neuronaler Netze genauer besprechen, führen wir eine weitere Klassifikationsaufgabe ein. Diese ermöglicht es uns, die Trainingsphase auch visuell erlebbar zu machen.

Die Aufgabe lautet, Punkte in der Ebene (gegeben durch x- und y-Koordinaten) bezüglich ihrer zugehörigen Farbe zu klassifizieren (in rot, grün und blau).

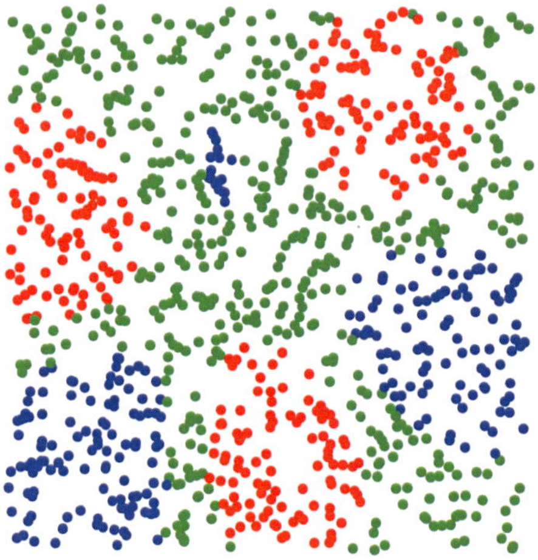

Bild 3.1 Beispiel eines Datensatzes zur Klassifikation bunter Punkte in der Ebene bezüglich ihrer Farbe

Der Vorteil dieser Klassifikationsaufgabe besteht darin, dass ein zugehöriger Datensatz auf einfache Art und Weise veranschaulicht werden kann (Bild 3.1). Anhand des Bildes können wir auch die vierte Annahme des Abschnitts zuvor genauer verstehen:

Dass Objekte einer Klasse gewisse Ähnlichkeiten aufweisen, zeigt sich daran, dass es in der visuellen Darstellung einzelne Regionen gibt, in denen alle Objekte bzw. Punkte dieselbe Farbe haben.

Auch die Struktur eines Datensatzes zur Klassifikation bunter Punkte ist sehr einfach:

x-Koordinate	*y*-Koordinate	Farbe
0.51	0.58	grün
0.71	0.90	rot
0.17	0.04	blau
0.51	0.67	grün
0.33	0.06	grün
...	...	...
0.52	0.99	grün
0.60	0.94	rot
0.49	0.89	grün

Ein mögliches neuronales Netz zur Lösung der zugehörigen Klassifikationsaufgabe kann Bild 3.2 entnommen werden.

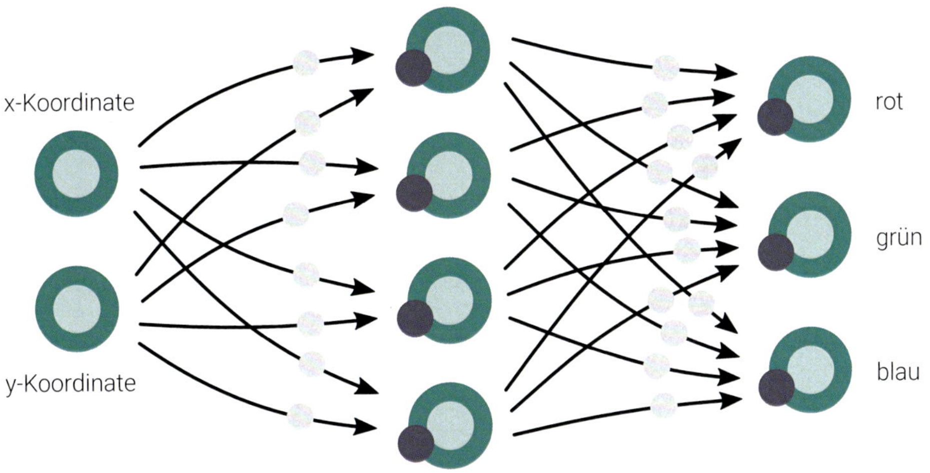

Bild 3.2 Ein (mögliches) neuronales Netz zur Klassifikation von Punkten in der Ebene in rot, grün und blau

Der Datensatz zuvor übertragen in Eingangssignal und (gewünschtes) Ausgangssignal zum Trainieren und Testen des neuronalen Netzes entspricht somit der folgenden Tabelle:

Eingangssignal	Ausgangssignal (gewünscht)	Label
(0.51, 0.58)	(0, 1, 0)	2 = grün
(0.71, 0.90)	(1, 0, 0)	1 = rot
(0.17, 0.04)	(0, 0, 1)	3 = blau
(0.51, 0.67)	(0, 1, 0)	2 = grün
(0.33, 0.06)	(0, 1, 0)	2 = grün
...	...	...
(0.52, 0.99)	(0, 1, 0)	2 = grün
(0.60, 0.94)	(1, 0, 0)	1 = rot
(0.49, 0.89)	(0, 1, 0)	2 = grün

Anhand derartiger Datensätze werden wir die Trainingsphase in den folgenden Abschnitten genauer erläutern.

www.taralino.de/exercise/C2AGCXC7

3.3 Trainingsphase

Wir haben in Abschnitt 2.3 bereits besprochen, dass Datensätze aufgeteilt werden in Trainingsdaten und Testdaten. Die Trainingsdaten werden verwendet, um neuronale Netze zu trainieren. Dies bedeutet, dass die Gewichte und Schwellwerte des neuronalen Netzes derart bestimmt werden, sodass die Ausgangssignale der am neuronalen Netz ausgewerteten Eingangssignale möglichst dem jeweils gewünschten Ausgangssignal entsprechen.

Die Trainingsphase ist ein iterativer Prozess: Es werden zahlreiche Rechen- bzw. Iterationsschritte wiederholt durchgeführt, in denen die Gewichte und Schwellwerte jeweils leicht angepasst werden. Erst, wenn eine ausreichend große Anzahl an Iterationsschritten durchgeführt wurde und die Gewichte und Schwellwerte bezogen auf die Trainingsdaten möglichst gut eingestellt sind, sollte die Trainingsphase beendet werden.

Im Wesentlichen handelt es sich bei der Trainingsphase um ein nichtlineares Optimierungsproblem, welches mit einem Gradientenabstiegsverfahren iterativ gelöst wird. Für Interessierte mit fortgeschrittenen Mathematikkenntnissen gehen wir im nachfolgenden Exkurs darauf näher ein. Um den Verlauf der Trainingsphase zu beobachten, können auch die Testdaten verwendet werden:

Nicht nur nach der Trainingsphase, sondern nach beliebigen Iterationsschritten können die Testdaten verwendet werden, um das neuronale Netz zu testen. Dabei wird gezählt, wie viele Testobjekte korrekt klassifiziert werden (wobei wie gehabt als Ergebnis des neuronalen Netzes jeweils die Farbe bzw. das Neuron gewählt wird, das den größten Wert hat).

Wichtig zu berücksichtigen ist folgende Bemerkung:

In jedem Iterationsschritt spielen zufällige Entscheidungen eine Rolle. Das ist einer von mehreren Gründen dafür, dass sich die Vorhersagegenauigkeit eines neuronalen Netzes zwischenzeitlich durchaus verschlechtern kann, wobei sie sich auf lange Sicht gesehen im Mittel jedoch verbessern sollte.

Schließlich müssen wir die Frage beantworten, wie die Gewichte und Schwellwerte vor der Trainingsphase definiert werden:

Beim Initialisieren (d. h. vor dem ersten Iterationsschritt der Trainingsphase) werden sämtliche Gewichte und Schwellwerte eines neuronalen Netzes auf einen zufälligen Zahlenwert zwischen -1 und 1 gesetzt.

Alles das, was zuvor beschrieben wurde, demonstriert die folgende Anwendung anhand der Klassifikation bunter Punkte unter Verwendung des neuronalen Netzes aus Bild 3.2:

www.taralino.de/exercise/ENZEMCV3

Eine weitere Möglichkeit zur Visualisierung der Trainingsphase am gleichen Beispiel wie zuvor demonstriert die folgende Anwendung. Dort werden korrekt klassifizierte Testobjekte in Cyan und nicht korrekt klassifizierte Testobjekte in Orange dargestellt:

www.taralino.de/exercise/E7C8KRCF

Schließlich zeigt der folgende Quellcode, wie die Anzahl der Iterationen als wichtigster Parameter einer Trainingsphase definiert werden kann:

www.taralino.de/exercise/C2SA55CM

3.4 Exkurs: Backpropagation

In diesem Exkurs möchten wir schließlich weiterhin anhand der Klassifikation bunter Punkte eine Idee davon geben, wie die Trainingsphase als Optimierungsaufgabe formuliert werden kann. Vorausgesetzt werden mathematische Kenntnisse wie Summenschreibweise, Vektoren, Funktionen mit mehreren Variablen sowie Gradienten.

Falls du an dem Exkurs kein Interesse hast, kannst du diesen Abschnitt direkt überspringen. Die Inhalte sind zum Verständnis der nachfolgenden Abschnitte nicht zwingend erforderlich.

Einfachheitshalber betrachten wir ein neuronales Netz bestehend aus zwei Eingangsneuronen (x- und y-Koordinaten) sowie drei Ausgangsneuron (rot, grün und blau), s. Bild 3.3.

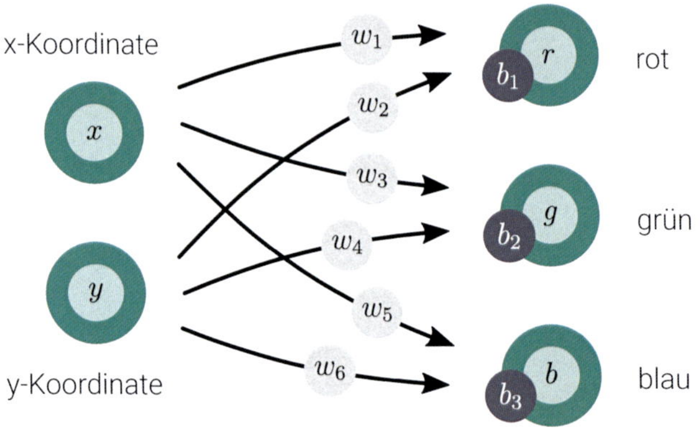

Bild 3.3 Das einfachste neuronale Netz, um Eingangsdaten bestehend aus den x- und y-Koordinaten hinsichtlich der Farben rot, grün und blau zu klassifizieren

Die Trainingsdaten bzw. die Menge aller Trainingsobjekte bezeichnen wir mit X und die einzelnen Trainingsobjekte seien gegeben durch einen Vektor mit fünf Einträgen:

$$(x, y, r, g, b) \in X$$

Dabei sind x und y die Werte der Eingangsneuronen (Koordinaten der Punkte) und das (bekannte bzw. gewünschte) Klassifikationsergebnis wird wie zuvor folgendermaßen beschrieben: Genau eine der drei Variablen (r, g, b) ist 1, die anderen beiden sind 0. Dabei ist genau die Variable gleich 1, welche das Klassifikationsergebnis beschreibt. Beispielsweise bedeutet

$$(x, y, r, g, b) = (0.2,\ 0.6,\ 0,\ 0,\ 1)\,,$$

dass die Eingangsdaten bzw. der Punkt $(0.2, 0.6)$ zur Klasse blau gehört.

Das Ziel der Trainingsphase ist, dass die Gewichte w_1 bis w_6 sowie Schwellwerte b_1 bis b_3 derart bestimmt werden, sodass die Klassifikationsaufgabe (bezogen auf die Trainingsdaten) möglichst gut gelöst wird.

Unter Verwendung einer geeigneten Aktivierungsfunktion $\varphi(t)$ gilt also im besten Falle für alle Trainingsobjekte $(x, y, r, g, b) \in X$:

$$\varphi(x \cdot w_1 + y \cdot w_2 - b_1) = r$$
$$\varphi(x \cdot w_3 + y \cdot w_4 - b_2) = g$$
$$\varphi(x \cdot w_5 + y \cdot w_6 - b_3) = b$$

Allerdings wird es im Allgemeinen gar nicht möglich sein, dass diese drei Gleichungen für alle Trainingsobjekte exakt erfüllt sind. Stattdessen sollen die Gewichte und Schwellwerte derart bestimmt werden, sodass die Summe der quadratischen Abweichungen über allen Trainingsobjekten möglichst klein ist.

Unter Verwendung der Notation

$$\begin{aligned} g(w_1,\dots,w_6,b_1,\dots,b_3,x,y,r,g,b) = {} & \Big(\varphi(x \cdot w_1 + y \cdot w_2 - b_1) - r\Big)^2 \\ & + \Big(\varphi(x \cdot w_3 + y \cdot w_4 - b_2) - g\Big)^2 \\ & + \Big(\varphi(x \cdot w_5 + y \cdot w_6 - b_3) - b\Big)^2 \end{aligned}$$

sind die Gewichte w_1 bis w_6 sowie die Schwellwerte b_1 bis b_3 derart zu bestimmen, sodass

$$f(w_1,\dots,w_6,b_1,\dots,b_3) = \sum_{(x,y,r,g,b)\in X} g(w_1,\dots,w_6,b_1,\dots,b_3,x,y,r,g,b)$$

möglichst klein wird. Dabei ist die Summe über sämtliche Trainingsobjekte $(x, y, r, g, b) \in X$ zu verstehen.

Wir haben somit eine Optimierungsaufgabe bezüglich der **Kostenfunktion**

$$f(w_1, \ldots, w_6, b_1, \ldots, b_3)$$

hergeleitet (auch **Fehlerfunktion** oder **Loss-Funktion** genannt). Nun gibt es unterschiedliche Verfahren der nichtlinearen Optimierung, sodass ein (zumindest lokales) Minimum dieser Funktion bestimmt werden kann. Bei neuronalen Netzen kommt hier unter dem Begriff **Backpropagation** häufig das Gradientenabstiegsverfahren zum Einsatz. Dieses setzt jedoch voraus, dass die Zielfunktion stetig differenzierbar ist. Das aber ist der Fall, falls als Aktivierungsfunktion $\varphi(t)$ die Sigmoid-Funktion (oder eine andere stetig differenzierbare Funktion) verwendet wird.

Optimierungsalgorithmus

Um die Idee des Gradientenabstiegsverfahrens zu veranschaulichen, zeigt Bild 3.4 eine (stetig differenzierbare) Funktion mit einer Variablen (z. B. ein Gewicht). Um ausgehend von einem Startwert (rote Punkte) Schritt für Schritt einem (lokalen) Minimum näherzukommen, wird die Ableitung (bzw. der Gradient) bestimmt. Nun zeigt der negative Gradient stets in Richtung des steilsten Abstiegs (schwarze Pfeile), im Eindimensionalen ebenso wie im Mehrdimensionalen.

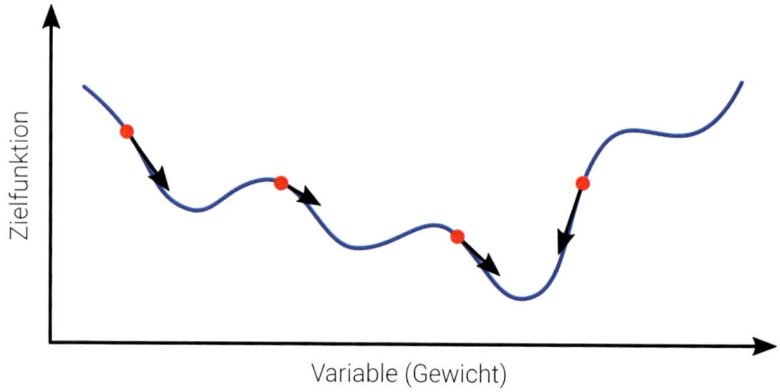

Bild 3.4 Einfache Skizze zur Erläuterung des Gradientenabstiegsverfahrens

> Um einem (lokalen) Minimum näherzukommen, können wir uns (gemäß einer Schrittweite oder **Lernrate**) ein wenig in Richtung des steilsten Abstiegs bewegen.

Die Vorgehensweise wird Schritt für Schritt wiederholt, wobei es durchaus vorkommen kann, dass wir uns zwischenzeitlich auch ein wenig verschlechtern. Dies hat jedoch den Vorteil, dass das Verfahren nicht im erstbesten lokalen Minimum hängenbleibt. Das heißt also:

Beim Gradientenabstiegsverfahren handelt es sich um ein iteratives Verfahren. Daher ist die Anzahl der Iterationen ein wesentlicher Parameter der Trainingsphase und genau diesen werden wir im Folgenden genauer analysieren.

Die zuvor skizzierte Vorgehensweise lässt sich analog auf beliebig komplexe neuronale Netze übertragen. Darauf möchten wir an dieser Stelle aber nicht näher eingehen.

Darstellung der Fehlerfunktion

Um sich schließlich mit dem Fortschritt der Trainingsphase vertraut zu machen, ist es sinnvoll, den Wert der Fehler- bzw. Loss-Funktion über der Anzahl der Iterationen einer Trainingsphase aufzutragen. Bild 3.5 zeigt eine derartige Darstellung, wobei das neuronale Netz aus Bild 3.2 unter Verwendung zufällig erzeugter Trainingsdaten bestehend aus 1000 Objekten trainiert wurde.

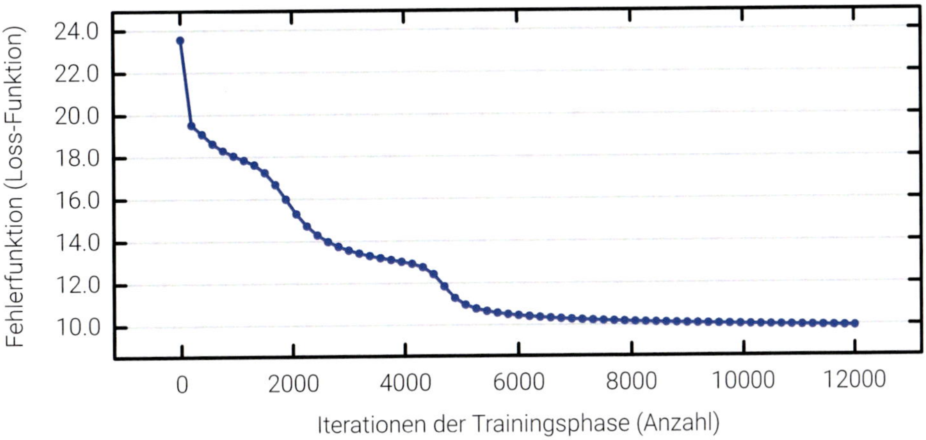

Bild 3.5 Darstellung der Fehlerfunktion über der Anzahl der Iterationen einer Trainingsphase

Abschließend sei bemerkt, dass der Lernfortschritt insbesondere auch von der Lernrate abhängt. Diese wird in modernen Trainingsverfahren adaptiv gewählt bzw. regularisiert, aber auch darauf werden wir hier nicht näher eingehen.

3.5 Anzahl der Iterationen

Nachdem wir uns ein Bild davon gemacht haben, wie der Ablauf der Trainingsphase ausschaut, wollen wir den Lernfortschritt bzw. Trainingserfolg als Diagramm veranschaulichen. Dazu analysieren wir weiterhin das neuronale Netz aus Bild 3.2 zur Klassifikation bunter Punkte. Eine sinnvolle Herangehensweise ist folgende:

Dargestellt wird die Anzahl der korrekt klassifizierten Testobjekte (y-Achse) über der Anzahl der Iterationsschritte der Trainingsphase (x-Achse).

Ein Beispiel einer Trainingsphase zeigt Bild 3.6, wobei die Testdaten genau 1000 Testobjekte umfassen. An einem derartigen Diagramm lässt sich nicht nur ablesen, wie groß der Anteil der korrekt klassifizierten Testdaten ist. Es lässt sich auch abschätzen, wie viele Iterationsschritte durchgeführt werden sollten.

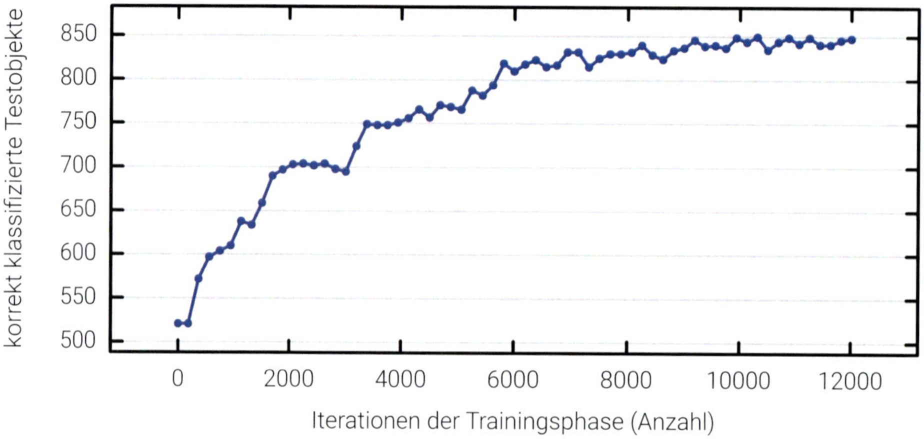

Bild 3.6 Anzahl der korrekt klassifizierten Testobjekte über der Anzahl der Iterationen einer Trainingsphase

Zur Wiederholung sei nochmals darauf hingewiesen, dass der Zufall eine wesentliche Rolle spielt, insbesondere beim Erzeugen der Trainings- und Testdaten sowie bei der Initialisierung des neuronalen Netzen mit zufälligen Gewichten und Schwellwerten zwischen -1 und 1. Dies bedeutet, dass ein wiederholtes Durchführen der Trainingsphase zu unterschiedlichen Ergebnissen führen kann, die jedoch qualitativ ähnlich sein sollten.

www.taralino.de/exercise/EQNCCT4Q

Auch der wesentliche Quellcode zur Anwendung ist sehr überschaubar:

www.taralino.de/exercise/CQGT9K53

3.6 Batchsize

Ein weiterer Parameter der Trainingsphase ist die sogenannte **Batchsize** oder **Losgröße**. Denn insbesondere um Rechenzeit zu sparen, werden in jeder Iteration der Trainingsphase nicht sämtliche Objekte der Trainingsdaten zur Verbesserung der Gewichte und Schwellwerte herangezogen, sondern nur ein Teil davon.

Die Batchsize bestimmt die Anzahl der Trainingsobjekte, die pro Iteration der Trainingsphase ausgewählt werden. Mit anderen Worten: In jeder Iteration der Trainingsphase wird gemäß der Batchsize nur ein Teil der Trainingsdaten zufällig ausgewählt und diesbezüglich trainiert (bzw. optimiert).

Unter Verwendung der identischen Klassifikationsaufgabe wie zuvor zeigt Bild 3.7 den Verlauf der Trainingsphase, wobei jeweils unterschiedliche Werte für die Batchsize gewählt wurden.

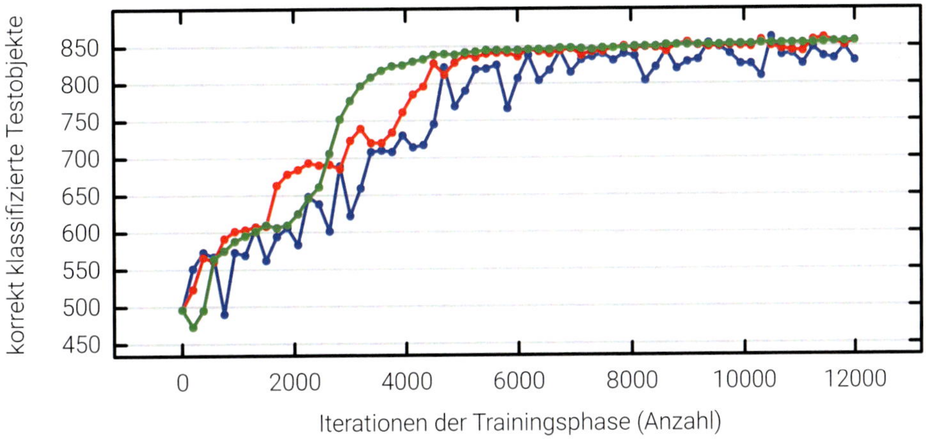

Bild 3.7 Anzahl der korrekt klassifizierten Testobjekte über der Anzahl der Iterationen einer Trainingsphase: Batchsize 10 in blau, Batchsize 100 in rot, Batchsize 1000 in grün

Dem Bild können folgende Beobachtungen entnommen werden: Je größer die Batchsize, desto weniger Iterationen werden benötigt, um bereits gute Ergebnisse zu erzielen (bezogen auf die Anzahl der korrekt klassifizierten Testobjekte). Erstaunlicherweise reicht aber bereits eine vergleichsweise kleine Batchsize aus, um (nach einer etwas größeren Anzahl an Iterationen) durchaus auch gute Ergebnisse zu bekommen. Dies ist von großer Bedeutung, denn die Rechenzeit der Trainingsphase wird größer, falls eine größere Batchsize gewählt wird. Allerdings sind bei einer kleinen Batchsize größere statistische Schwankungen zu beobachten.

Der Vollständigkeit halber sei erwähnt, dass in Bild 3.6 im Abschnitt zuvor als Batchsize 100 gewählt wurde.

www.taralino.de/exercise/E4PL2BS7

3.7 Layout

Unter dem **Layout** eines neuronalen Netzes versteht man die Definition, aus wie vielen Schichten das neuronale Netz besteht und wie viele Neuronen die einzelnen Schichten besitzen. Zu bemerken ist, dass die Anzahl der Neuronen in der Eingangs- sowie in der Ausgangsschicht in der Regel durch die zu lösende Klassifikationsaufgabe vorgegeben sind. Aber die Anzahl der verborgenen Schichten sowie die Anzahl der Neuronen pro verborgener Schicht kann frei gewählt werden.

Es hängt jeweils von der Klassifikationsaufgabe ab, wie viele verborgene Schichten eingesetzt und wie viele Neuronen pro Schicht definiert werden sollten.

Zur Veranschaulichung des Layouts eines neuronalen Netzes werden wir im Folgenden eine kompakte Layout-Darstellung verwendet. Bild 3.8 veranschaulicht das neuronale Netz aus Bild 3.2 in der kompakten Darstellung.

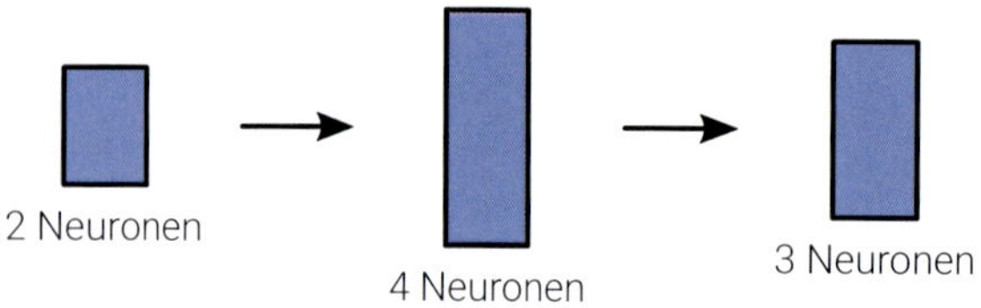

Bild 3.8 Kompakte Darstellung des Layouts eines neuronalen Netzes. Als Schreibweise verwenden wir eckige Klammern, in diesem Beispiel [2,4,3]

Schließlich bleibt zu untersuchen, welchen Einfluss das Layout auf das Trainieren und Testen eines neuronalen Netzes hat. Dabei ist zu beachten:

Je mehr verborgene Schichten und damit mehr Gewichte und Schwellwerte ein neuronales Netz besitzt, desto aufwendiger ist die zugehörige Trainingsphase. Außerdem sollte nicht davon ausgegangen werden, dass eine größere Anzahl an Schichten bzw. Neuronen stets zu besseren Ergebnissen führt.

Die Festlegung des Layouts ist daher grundsätzlich eine Herausforderung für sich. Es setzt ein wenig Erfahrung voraus, um dieses sinnvoll zu wählen. Was das Layout aber für Auswirkungen auf das Trainieren und Testen haben kann, veranschaulicht Bild 3.9 anhand des Beispiels wie zuvor sowie auf die bekannte Art und Weise.

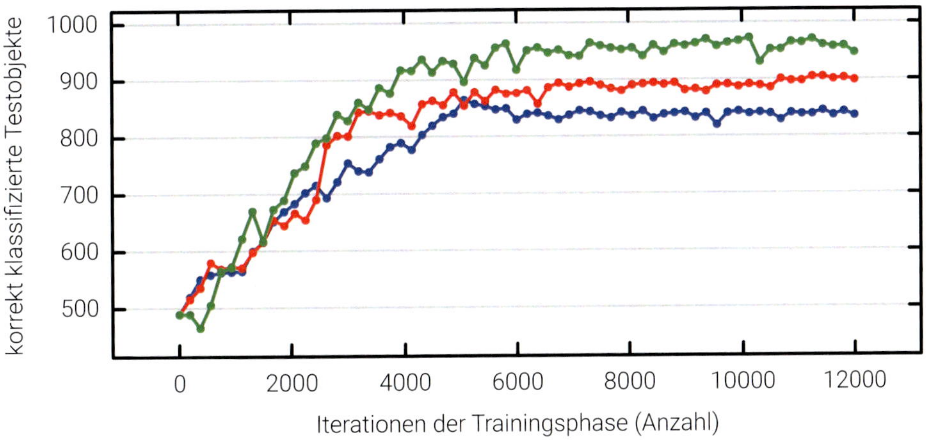

Bild 3.9 Anzahl der korrekt klassifizierten Testobjekte über der Anzahl der Iterationen einer Trainingsphase: Layout [2,4,3] in blau, Layout [2,8,3] in rot, Layout [2,8,8,3] in grün. In allen drei Beispielen wurde als Batchsize 100 gewählt

Es ist zu erkennen, dass komplexere neuronale Netze (nach einer ausreichend langen Trainingsphase) deutliche mehr Testobjekte korrekt klassifizieren können. Dies ist damit zu begründen, dass die einzelnen Bereiche bzw. Regionen der bunten Punkte durch komplexere neuronale Netze besser nachgebildet werden können.

www.taralino.de/exercise/EJYB8PAK

Zusammenfassend kannst du im folgenden Quellcode mit sämtlichen Parametern experimentieren, die wir bislang besprochen haben:

www.taralino.de/exercise/CYLQXUYE

3.8 Beispiel: Handgeschriebene Ziffern

Abschließend möchten wir die in diesem Kapitel vorgestellten Inhalte anhand einer weiteren Klassifikationsaufgabe zusammenfassen.

Die Aufgabe lautet, Schwarz-Weiß-Bilder handgeschriebener Ziffern bestehend aus jeweils 8 × 8 Pixel bezüglich ihrer Ziffer zu klassifizieren.

Bild 3.10 veranschaulicht zufällig ausgewählte Objekte eines geeigneten Datensatzes, den wir im folgenden verwenden werden.

Bild 3.10 Zufällige Objekte des Datensatzes handgeschriebener Ziffern, jeweils dargestellt als Schwarz-Weiß-Bild bestehend aus 8 × 8 Bildpunkten (Pixel)

Wie übliche können die einzelnen Graustufen der Pixel bzw. Bildpunkte als Zahlenwert zwischen 0 und 1 kodiert werden. Der Datensatz, den wir zum Trainieren und Testen verwenden werden, hat daher folgende exemplarische Struktur:

Pixel 1	Pixel 2	Pixel 3	...	Pixel 64	Label (Ziffer)
0.00	0.38	0.50	...	0.50	6
0.06	0.19	0.94	...	0.38	2
0.00	0.69	0.25	...	0.75	0
0.06	0.38	0.38	...	0.67	7
...	...	...	...	...	...
0.06	0.19	1.00	...	0.38	2
0.00	0.63	0.44	...	0.00	3

Jede Zeile der Tabelle entspricht genau einem 8 × 8 Bild einer handgeschriebenen Ziffer. Das Label gibt das zugehörige Klassifikationsergebnis an, in diesem Falle die im Bild zu erkennende Ziffer. Insgesamt beinhaltet der Datensatz, den wir nun verwenden werden, 5620 Zeilen bzw. Objekte.

Den gesamten Datensatz teilen wir (zufällig) auf in 4620 Objekte zum Trainieren und 1000 Objekte zum Testen. Zudem verwenden wir ein Layout gemäß Bild 3.11.

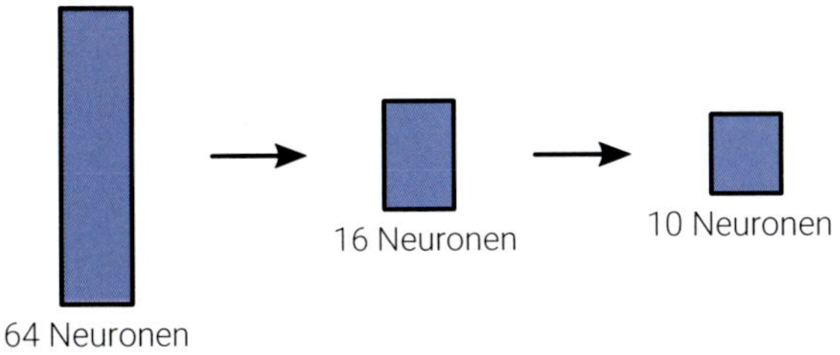

Bild 3.11 Layouts eines neuronalen Netzes zur Klassifikation handgeschriebener Ziffern

Schließlich zeigt Bild 3.12 das Ergebnis einer zugehörigen Trainingsphase, wobei eine Batchsize von 20 verwendet wurde. Der Darstellung kann entnommen werden, dass über 95 Prozent der Testobjekte am Ende der Trainingsphase korrekt klassifiziert werden.

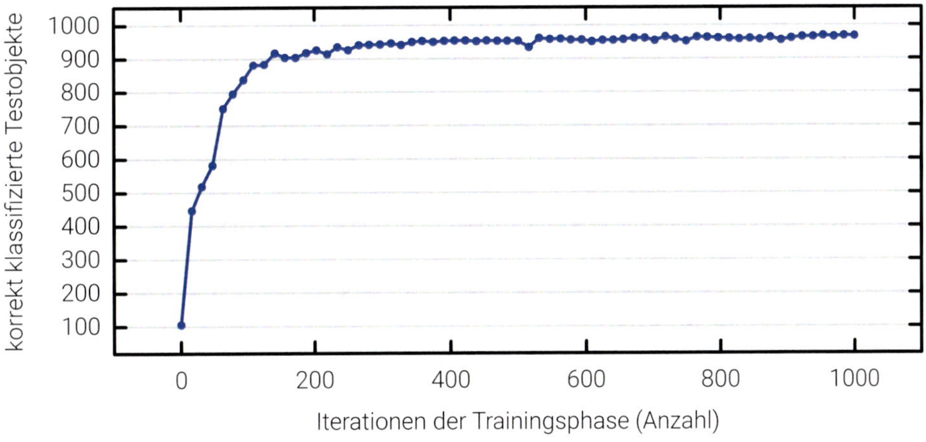

Bild 3.12 Anzahl der korrekt klassifizierten Testobjekte über der Anzahl der Iterationen einer Trainingsphase (zum Layout [64,16,10] sowie mit einer Batchsize von 20)

Nimm dir ein wenig Zeit, um anhand des Beispiels über deinen Lernerfolg nachzudenken:

Reflektiere, ob du verstanden hast, wie handgeschriebene Ziffern auf Grundlage des beschriebenen Datensatzes klassifiziert werden können. Kannst du insbesondere nachvollziehen, welche Informationen Bild 3.12 entnommen werden können?

Und wenn du magst, kannst du dich auch mit dem durchaus überschaubaren Quellcode zur Klassifikation handgeschriebener Ziffern vertraut machen:

www.taralino.de/exercise/C7V9YPRU

3.9 Exkurs: Overfitting

In diesem Exkurs gehen wir auf die Herausforderung des **Overfittings** bzw. der **Überanpassung** ein, die während der Trainingsphase bedacht werden sollte. Denn in der Regel sind Daten nicht vollständig fehlerfrei: Es kann z. B. Daten geben, bei denen das vermeintlich bekannte Klassifikationsergebnis gar nicht korrekt ist oder es kommt aufgrund von Messfehlern zu unregelmäßigen Abweichungen (sogenannten Ausreißern).

Je nach Datengrundlage ist es sinnvoll, die Parameter der Trainingsphase derart auszulegen, sodass ein nicht zu komplexes Ergebnis bzw. Modell entsteht.

Was damit genau gemeint ist, erläutern wir anhand von Bild 3.13: Oben links sind Trainingsdaten bestehend aus rund 50 Objekten (Punkten) veranschaulicht, die in rot und grün zu klassifizieren sind. Die anderen beiden Darstellungen der oberen Zeile stellen mögliche Ergebnisse der Trainingsphase anhand der farbigen Flächen dar. Auf gleiche Art und Weise sind in der unteren Zeile die Testdaten veranschaulicht.

Es lassen sich dabei zwei Szenarien beobachten:

1. Im Beispiel in der mittleren Spalte handelt es sich um ein recht komplexes Ergebnis. Dieses ist möglich, da ein vergleichsweise komplexes Layout sowie eine vergleichsweise lange Trainingsphase durchgeführt wurde. Bezogen auf die Trainingsdaten erhalten wir damit ein perfektes Resultat, da alle Punkte korrekt klassifiziert werden. Allerdings wurden auch mögliche Ausreißer stark berücksichtigt, sodass vergleichsweise viele Testdaten nicht korrekt klassifiziert werden, wie der unteren Zeile (in der Mitte) zu entnehmen ist.

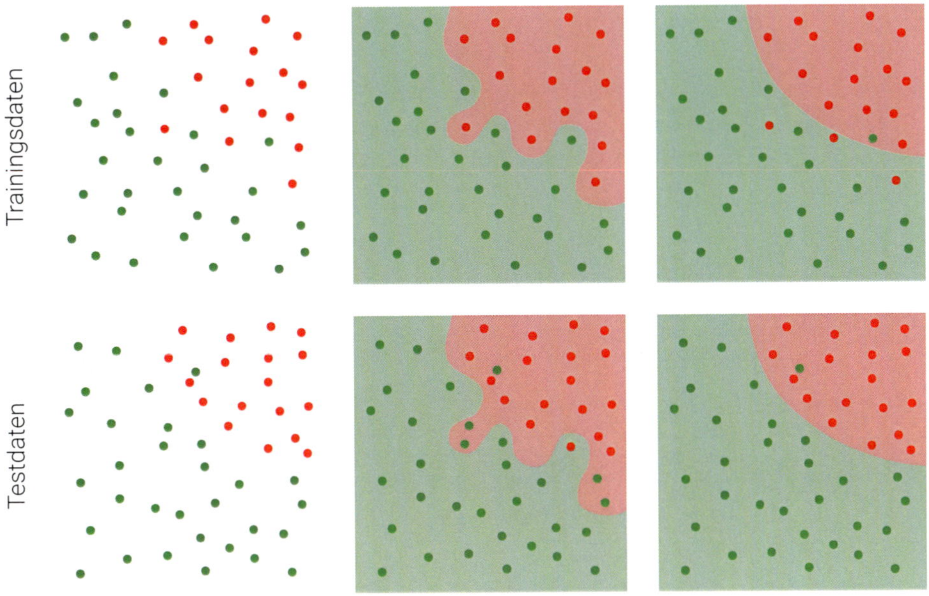

Bild 3.13 Trainings- und Testdaten zur Klassifikation bunter Punkte in rot und grün. In der mittleren Spalte wurde ein sehr komplexes Layout gewählt und eine lange Trainingsphase durchgeführt, was zum Overfitting geführt hat. In der rechten Spalte wurde ein weniger komplexes Layout gewählt, was bezogen auf die Testdaten zu besseren Ergebnissen führt

2. Ein sinnvolleres Ergebnis der Trainingsphase zeigt die rechte Spalte: Es werden zwar insgesamt vier Trainingsobjekte nicht korrekt klassifiziert (drei rote und ein grüner Punkt), dafür ist das Modell nicht zu komplex und mögliche Ausreißer in den Trainingsdaten fallen nicht zu stark ins Gewicht. Bezogen auf die Testdaten wird auch nur ein Punkt nicht korrekt klassifiziert.

Mit anderen Worten kann die Situation folgendermaßen beschrieben werden:

Man spricht vom Overfitting (Überanpassung), wenn (im Laufe der Trainingsphase und je nach Wahl der zugehörigen Parameter sowie des Layouts) die Anzahl der korrekt klassifizierten Trainingsdaten steigt, während die Anzahl der korrekt klassifizierten Testdaten fällt.

Veranschaulicht wird das zuvor beschriebene Szenario anhand von Bild 3.14. Bezogen auf neuronale Netze bedeutet die Aussage, dass zu viele verborgene Schichten mit jeweils zu vielen Neuronen nicht zwangsläufig dazu führen, dass die Klassifikationsaufgabe zuverlässiger gelöst wird.

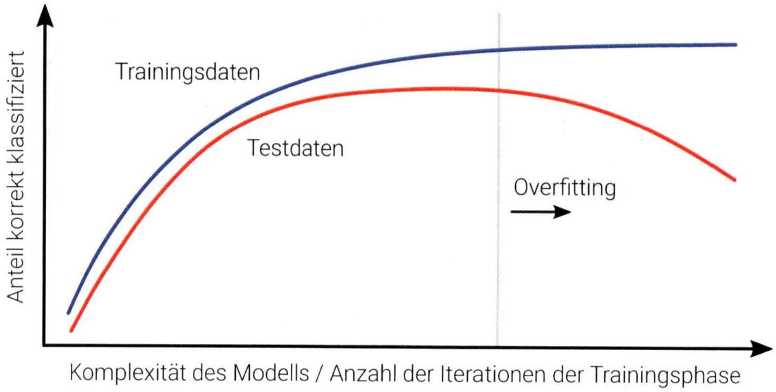

Bild 3.14 Schematische Darstellung des Overfittings: Falls ein zu komplexes Modell gewählt und eine zu ausführliche Trainingsphase durchgeführt wird, kann es ab einem gewissen Punkt zum Overfitting kommen. Dann kann zwar der Anteil der korrekt klassifizierten Trainingsobjekte zunehmen, der Anteil der korrekt klassifizierten Testobjekte nimmt jedoch ab

3.10 Exkurs: Generative Adversarial Networks

Abschließend stellen wir in diesem Exkurs ein Verfahren der generativen Künstlichen Intelligenz vor, das wir mit den bislang erlernten Inhalten durchaus verstehen können. Die Grundlage dieser Methode liefert folgende Forschungsarbeit:

Ian J. Goodfellow et al. (2014). Generative Adversarial Networks. Veröffentlicht unter arXiv:1406.2661

Ein **Generative Adversarial Network** oder kurz **GAN** ist eine Methode zur Bilderzeugung, die auf neuronalen Netzen basiert. Es handelt sich dabei um eines der ersten Verfahren, mit dem man in der Lage war, Bilder zu generieren, die gar nicht oder kaum von echten Fotos zu unterscheiden waren. Dennoch haben sich heutzutage andere Methoden durchgesetzt, auf die wir in späteren Kapitel eingehen werden.

Die grundlegende Idee der Generative Adversarial Networks besteht darin, dass generierte Bilder nicht von den Trainingsdaten (echte Bilder) zu unterscheiden sein sollen.

Im Wesentlichen basieren Generative Adversarial Networks dabei auf zwei neuronalen Netzen, wobei die Vorgehensweise folgendermaßen beschrieben werden kann (Bild 3.15):

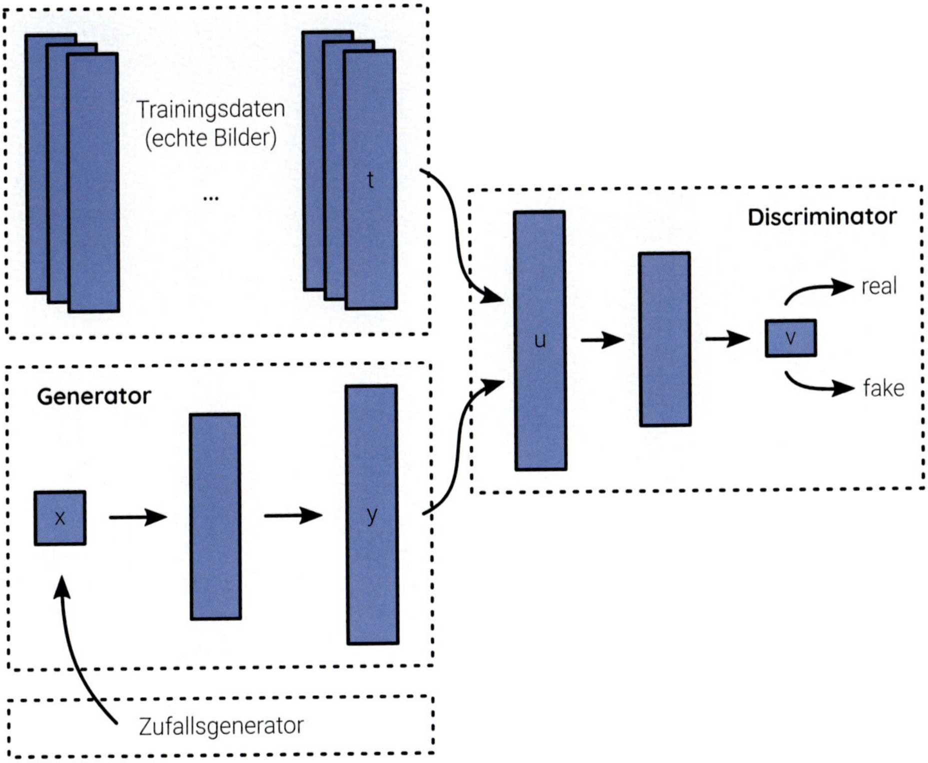

Bild 3.15 Schematische Darstellung eines Generative Adversarial Networks

1. Voraussetzung für das Verfahren sind Trainingsdaten, bestehend aus zahlreichen (echten) Bildern.
2. Der **Generator** ist ein neuronales Netz, das Eingangssignale x erwartet, die von einem Zufallsgenerator erzeugt werden. Das Ausgangssignal des Generator-Netzwerks kann als (erzeugtes) Bild angesehen werden.
3. Der **Discriminator** ist ein weiteres neuronales Netz zur Klassifikation von Eingangssignalen (Bilder) in die beiden Klassen reales/echtes Bild (real) und erzeugtes/gefälschtes Bild (fake).
4. Das Generator-Netzwerk wird nun dahingehend trainiert, sodass ein Ausgangssignal y vom Discriminator-Netzwerk bestenfalls als reales Bild klassifiziert wird.
5. Das Discriminator-Netzwerk versucht weiterhin, die Klassifikation in reales/echtes Bild (real) und erzeugtes/gefälschtes Bild (fake) möglichst gut zu lösen.
6. Die beiden Netzwerke werden im Wechsel trainiert, bis sich ein Gleichgewicht einstellt. Ist dies der Fall, so erzeugt das Generator-Netzwerk Bilder, die vom Discriminator nicht mehr von den Trainingsbildern unterschieden werden können.

Nachdem ein derartiger Trainingsprozess abgeschlossen ist, kann das Generator-Netzwerk verwendet werden, um Bilder zu erzeugen: Zu jedem (zufällig erzeugten) Eingangssignal x erzeugt der Generator ein Ausgangssignal y und damit ein Bild, das gar nicht oder kaum von den Trainingsdaten zu unterscheiden ist.

Tatsächlich lässt sich zeigen, dass Generator und Discriminator aus spieltheoretischer Sicht Spieler in einem sogenannten Nullsummenspiel sind. Dies wiederum bedeutet, dass sich bei geeigneter Trainingsphase in der Tat ein Gleichgewicht einstellt, sodass generierte Bilder nicht mehr zwischen real und fake zu unterscheiden sind.

4 Autoencoder

In diesem Kapitel beantworten wir folgende Fragen:

- Was sind Autoencoder und wie können diese zur Dimensionsreduktion sowie Datenrekonstruktion eingesetzt werden?
- Welche weiteren Anwendungsfälle bzw. Aufgaben lassen sich mit Autoencodern lösen?
- Wie können Autoencoder im Kontext der generativen KI eingesetzt werden?

4.1 Einleitung

Sämtliche Konzepte neuronaler Netze haben wir bislang anhand der Lösung von Klassifikationsaufgaben kennengelernt. Allerdings können neuronale Netze deutlich mehr, als Objekte zu klassifizieren. Um dies zu verdeutlichen, lernen wir nun Autoencoder kennen.

Ein **Autoencoder** ist eigentlich nichts anderes als ein neuronales Netz, wobei das Layout des Netzes eine spezielle Struktur besitzt: Eingangs- und Ausgangsschicht haben stets die gleiche Anzahl an Neuronen und zudem wird das Layout in einen **Encoder** und einen **Decoder** aufgeteilt.

Bild 4.1 zeigt die schematische Darstellung des Layouts eines Autoencoders. Dabei hat die verborgene Schicht mit der Bezeichnung y eine in der Regel deutlich kleinere Anzahl an Neuronen im Vergleich zur Eingangs- bzw. Ausgangsschicht. Mit anderen Worten: Durch den Encoder wird ein Eingangssignal x auf die reduzierte Darstellung y

abgebildet. Man spricht auch davon, dass y der **latente** Vektor oder die latente Darstellung von x ist. Der Decoder bildet schließlich den latenten Vektor y auf x' ab.

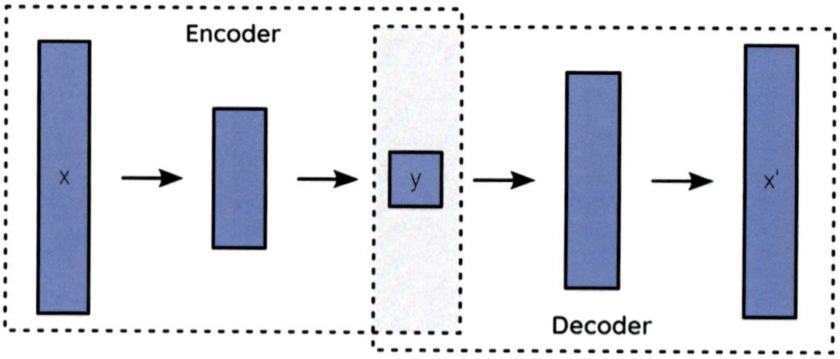

Bild 4.1 Schematischer Aufbau eines Autoencoders: Eingangssignal x und Ausgangssignal x' besitzen stets die gleich Anzahl an Neuronen

Anders als bei neuronalen Netzen zur Lösung einer Klassifikationsaufgabe wird bei Autoencodern folgendes Ziel verfolgt:

> Die Gewichte und Schwellwerte eines Autoencoders sollen derart bestimmt werden, sodass jedes Ausgangssignal x' möglichst ähnlich dem zugehörigen Eingangssignal x ist.

Um dieses Ziel zu erreichen, werden genau wie zuvor Trainingsdaten verwendet (wobei ein Label bzw. Klassifikationsergebnis nicht benötigt wird). Und auch das mathematische Vorgehen während der Trainingsphase ist exakt wie zuvor, wie im nachfolgenden Exkurs verdeutlicht wird.

4.2 Exkurs: Fehlerfunktion

Auch die Trainingsphase eines Autoencoders besteht darin, eine Fehlerfunktion bzw. Kosten- oder Loss-Funktion zu minimieren, wobei (genau wie zuvor) die Summe der quadratischen Abweichungen berücksichtigt werden soll.

Um das Konzept zu wiederholen, bezeichnen wir mit X die Menge aller Objekte bzw. Eingangssignale der Trainingsdaten und

$$x = (x_1, \ldots, x_n) \in X$$

sei die Bezeichnung eines Eingangssignals bestehend aus n Neuronen. Zudem bezeichne

$$\Phi\colon \mathbb{R}^n \to \mathbb{R}^n$$

die Abbildung eines Eingangssignals x auf das zugehörige Ausgangssignal x' unter Verwendung des Autoencoders. Mit anderen Worten:

$$\Phi(x) = x' = (x'_1, \ldots, x'_n)$$

ist das Ausgangssignal eines Eingangssignals x, ebenfalls bestehend aus n Neuronen.

Die Aufgabe der Trainingsphase besteht darin, die Gewichte und Schwellwerte (des Autoencoders bzw. der Funktion Φ) derart zu bestimmen, sodass

$$\sum_{x \in X} \|x - \Phi(x)\|_2^2 = \sum_{x \in X} \sum_{i=1}^{n} (x_i - x'_i)^2$$

minimiert wird.

Um das Ergebnis einer Trainingsphase schließlich unabhängig vom Umfang der Trainingsdaten sowie unabhängig von der Größe der Eingangssignale bewerten zu können, wird die Fehlerfunktion formal häufig durch die Anzahl N der Trainingsobjekte sowie durch die Anzahl n der Neuronen der Eingangssignale geteilt:

$$\frac{1}{N \cdot n} \cdot \sum_{x \in X} \|x - \Phi(x)\|_2^2$$

Zusammenfassend lässt sich sagen: Je kleiner die Fehlerfunktion, desto ähnlicher sind sich Eingangssignal x und Ausgangssignal x'.

Um die Trainingsphase eines Autoencoders zu analysieren, ist es daher sinnvoll, die Fehlerfunktion über der Anzahl der Iterationen einer Trainingsphase darzustellen.

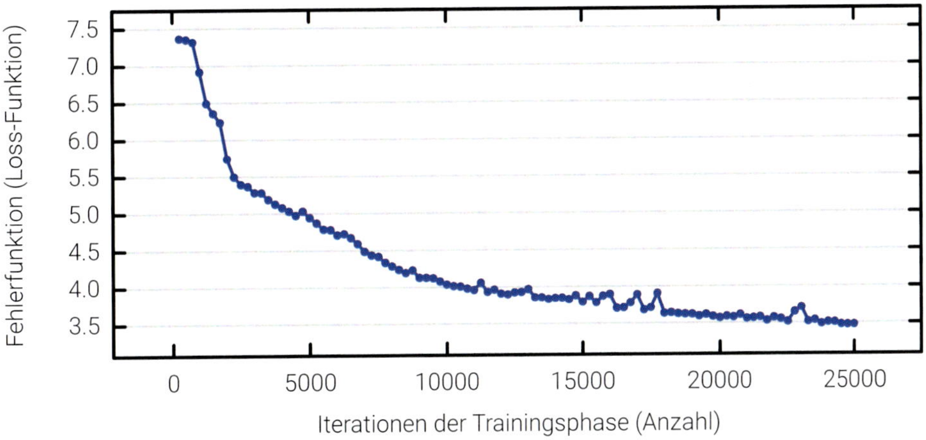

Bild 4.2 Darstellung der Fehlerfunktion über der Anzahl der Iterationen einer Trainingsphase

Bild 4.2 zeigt ein Beispiel, wobei ein Autoencoder mit dem bekannten Datensatz handgeschriebener Ziffern trainiert wurde (s. nachfolgender Abschnitt).

Abschließend kannst du dir optional auch den Quellcode zum Beispiel anschauen:

www.taralino.de/exercise/CEMSP8GP

4.3 Beispiel: Handgeschriebene Ziffern

Als erstes Beispiel eines Autoencoders verwenden wir den Datensatz handgeschriebener Ziffern bestehend aus 8 × 8 Pixel (s. auch Abschnitt 3.8). Aber anders als bei Klassifikationsaufgaben benötigen wir nun keine Label, sodass sich folgende einfache Struktur des Datensatzes ergibt:

Pixel 1	Pixel 2	Pixel 3	...	Pixel 64
0.00	0.38	0.50	...	0.50
0.06	0.19	0.94	...	0.38
0.00	0.69	0.25	...	0.75
0.06	0.38	0.38	...	0.67
...	...	...	...	...
0.06	0.19	1.00	...	0.38
0.00	0.63	0.44	...	0.00

Der Datensatz, bestehend aus insgesamt 5620 Objekten bzw. Bildern, wird nun verwendet, um einen Autoencoder zum Layout aus Bild 4.3 zu trainieren. Dabei kann auch

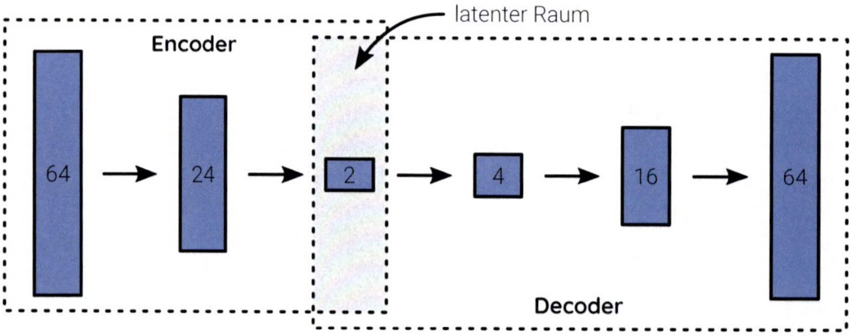

Bild 4.3 Layout eines Autoencoders zur Verarbeitung handgeschriebener Ziffern bestehend aus jeweils 8 × 8 Pixel

hier die Anzahl der Iterationen der Trainingsphase sowie die Batchsize frei gewählt werden.

Nachdem eine geeignete Trainingsphase durchgeführt wurde, können zufällige Objekte des Datensatzes gewählt und am Autoencoder ausgewertet werden. Bild 4.4 zeigt ein Beispiel, wobei Eingangs- und Ausgangssignal jeweils als Schwarz-Weiß-Bild dargestellt werden.

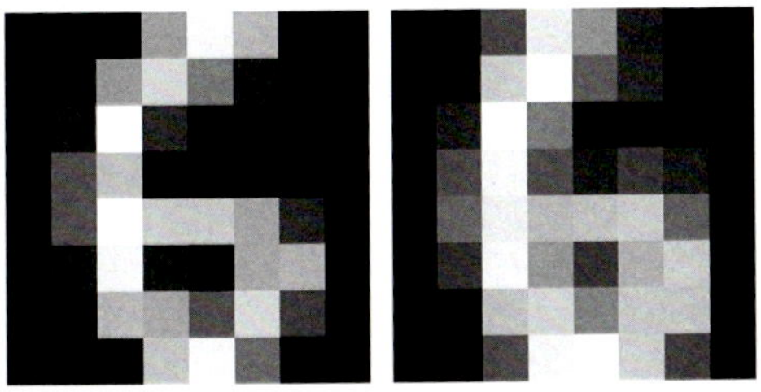

Bild 4.4 Ein zufälliges Eingangssignal der Trainingsdaten als Schwarz-Weiß-Bild (links) sowie das Eingangssignal ausgewertet am zuvor trainierten Autoencoder, ebenfalls dargestellt als Schwarz-Weiß-Bild (rechts)

Dem Beispiel ist zu entnehmen, dass das als Schwarz-Weiß-Bild dargestellte Ausgangssignal zwar etwas verschwommen wirkt, aber dennoch viel Ähnlichkeit zum Eingangssignal aufzeigt.

www.taralino.de/exercise/EGPAMQPH

Bemerkenswert ist zudem, dass der sogenannte **latente Raum** in der Mitte des Autoencoders aus nur zwei Neuronen besteht (Bild 4.3). Mit anderen Worten: Jedes Objekt des Datensatzes (bzw. jedes Bild einer handgeschriebenen Ziffer) kann gemäß des Encoders als Punkt in der Ebene kodiert werden. In Bild 4.5 werden daher alle 5620 Bilder des Datensatzes jeweils kodiert als Punkt im latenten Raum dargestellt, wobei pro Ziffer eine jeweils unterschiedliche Farbe gewählt wurde.

Schließlich kann gemäß des Decoders jeder Punkt im latenten Raum wiederum als Bild einer handgeschriebenen Ziffer dekodiert werden. Schau dir dazu gerne die folgende Anwendung an:

www.taralino.de/exercise/EG5FTH2R

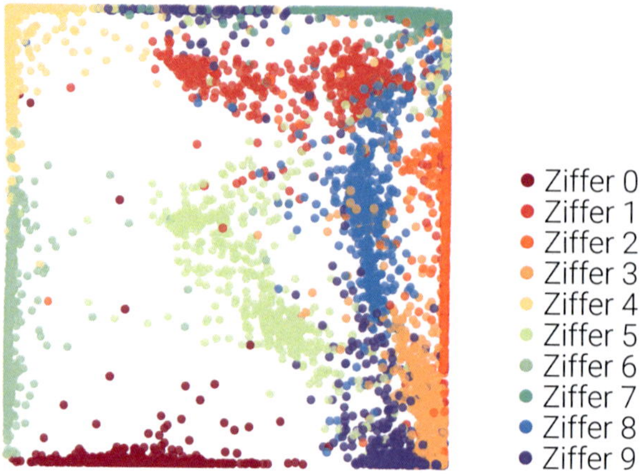

Bild 4.5 Darstellung der 5620 Objekte des Datensatzes handgeschriebener Ziffern im latenten Raum

4.4 Dimensionsreduktion

Wie wir am Beispiel zuvor bereits kennengelernt haben, lassen sich Objekte bzw. ganze Datensätze unter Verwendung eines Autoencoders zur **Datenkompression** bzw. **Dimensionsreduktion** einsetzen. Die Idee dabei ist folgende:

> Objekte können unter Verwendung des Encoders in den latenten Raum überführt werden, sodass jedes Objekt durch eine deutlich geringere Anzahl an Merkmalen bzw. Neuronen beschrieben wird. Um aus einem Signal bzw. Vektor im latenten Raum wieder das ursprüngliche Objekt zu rekonstruieren, wird der Decoder eingesetzt.

Dabei handelt es sich in der Regel um eine verlustbehaftete Kompression, wobei der Qualitätsverlust (neben der Trainingsphase) insbesondere von der Anzahl der Neuronen im latent Raum abhängt.

4.5 Beispiel: Mnist

Um ein weiteres Beispiel zu präsentieren, verwenden wir den Mnist-Datensatz. Dieser beinhaltet ebenfalls Bilder handgeschriebener Ziffern, wobei diese nun eine Größe von 28 × 28 Pixel haben. Entsprechend definieren wir einen Autoencoder mit 784 Eingangsneuronen und nutzen konkret das Layout aus Bild 4.6.

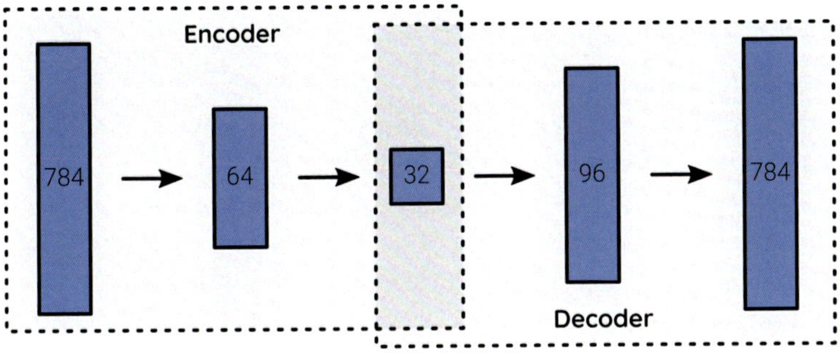

Bild 4.6 Layout eines Autoencoders zur Verarbeitung handgeschriebener Ziffern bestehend aus jeweils 28 × 28 Pixel

Zur nachfolgenden Analyse wurde eine geeignete Trainingsphase unter Verwendung von 2500 Trainingsobjekten durchgeführt. Bild 4.7 zeigt zehn zufällig gewählte Bilder der Trainingsdaten (obere Reihe) sowie das jeweils zugehörige Ausgangssignal nach einer Auswertung am Autoencoder.

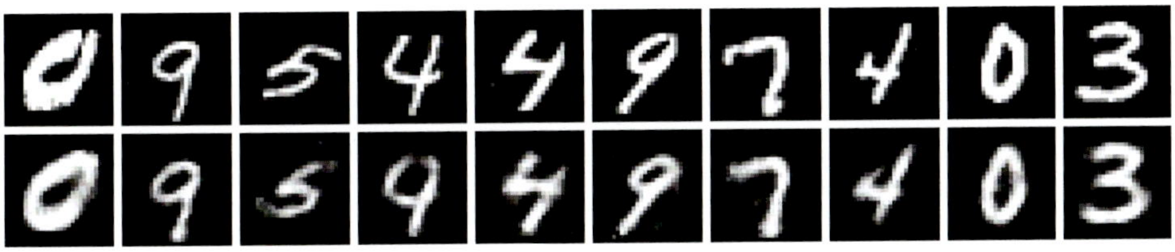

Bild 4.7 Zufällige Objekte des Mnist-Datensatzes dargestellt als Schwarz-Weiß-Bilder (obere Zeile) sowie zugehörige Ausgangssignale des Autoencoders, ebenfalls dargestellt als Schwarz-Weiß-Bilder (untere Zeile)

In den Beispielen aus Bild 4.7 sind durchaus zwischen Eingangssignal und jeweils zugehörigen Ausgangssignal Qualitätsverluste zu beobachten. Allerdings muss auch bemerkt werden, dass der latente Raum aus nur 32 Neuronen besteht. Falls der Qualitätsverlust vertretbar ist, können alle Bilder des Datensatzes somit anhand von nur 32 Zahlenwerten beschrieben werden im Vergleich zu den ursprünglichen 784 Zahlenwerten. Die Kompressionsrate entspricht damit rund 96 Prozent.

www.taralino.de/exercise/EFYB9J2U

4.6 Erkennung von Anomalien

Bei der Erkennung von Anomalien geht es darum, automatisiert fehlerhafte Objekte bzw. Daten zu identifizieren. Und auch dazu können Autoencoder eingesetzt werden: Es wird eine (ausreichend große) Menge an fehlerfreien Daten zum Trainieren eines Autoencoders verwendet. Nach der Trainingsphase können beliebige Eingangssignale ausgewertet werden und es wird die (durchschnittliche quadratische) Abweichung zwischen Eingangs- und Ausgangssignal verglichen:

Falls die durchschnittliche quadratische Abweichung der einzelnen Neuronen zwischen Eingangs- und Ausgangssignal einen gewissen Schwellwert überschreitet, dann handelt es sich beim Eingangssignal (vermutlich) um fehlerhafte Daten (anderenfalls um fehlerfreie Daten).

Auch bei diesem Anwendungsfall spielt die Anzahl der Neuronen im latenten Raum eine entscheidende Rolle. Einerseits sollen und müssen die Daten komprimiert werden, andererseits darf die Datenreduktion durch den Autoencoder nicht zu stark ausfallen. Wenn aber ein passendes Layout gewählt und der Autoencoder geeignet trainiert wurde, kann eine Testphase durchgeführt werden:

Um einen (bereits trainierten) Autoencoder zur Erkennung von Anomalien zu testen, werden zwei Mengen an Testdaten benötigt:

1. Fehlerfreie Testobjekte: Hier erwarten wir eine vergleichsweise kleine quadratische Abweichung zwischen Eingangs- und Ausgangssignal.
2. Fehlerhafte Testobjekte: Hier erwarten wir eine vergleichsweise große quadratische Abweichung zwischen Eingangs- und Ausgangssignal.

Wie gut diese Vorgehensweise funktionieren kann, demonstrieren wir im nachfolgenden Abschnitt.

4.7 Beispiel: Bilder von Ringen

Ein anschauliches und durchaus realistisches Beispiel ist die Erkennung von Anomalien in Bilddaten. Dazu nutzen wir einen Datensatz bestehend aus Bildern mit ring- bzw. donutförmigen Strukturen, die zum Beispiel an Unterlegscheiben erinnern könnten (Bild 4.8). Alle Objekte des Datensatzes besitzen 256 Merkmale, wobei jedes Objekt als Schwarz-Weiß-Bild eines Ringes bestehend aus 16×16 Pixel angesehen werden kann.

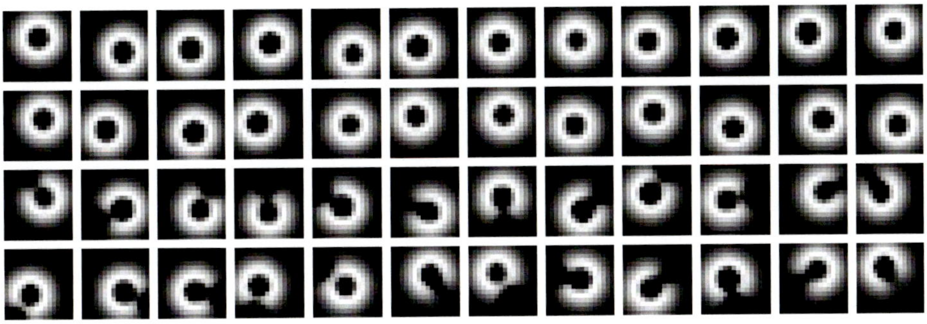

Bild 4.8 Darstellung zufälliger Objekte des Datensatzes zur Erkennung von Anomalien (Schwarz-Weiß-Bild bestehend aus jeweils 16 × 16 Pixel). Die oberen beiden Zeilen zeigen fehlerfrei und die unteren beiden Zeilen fehlerhafte Objekte

Die Menge der fehlerfreien Objekte des Datensatzes wird aufgeteilt in Trainingsdaten und Testdaten. Darüber hinaus stehen fehlerhafte Testobjekte zur Verfügung. Für die nachfolgende Anwendung wurde ein Autoencoder mit dem Layout aus Bild 4.9 trainiert.

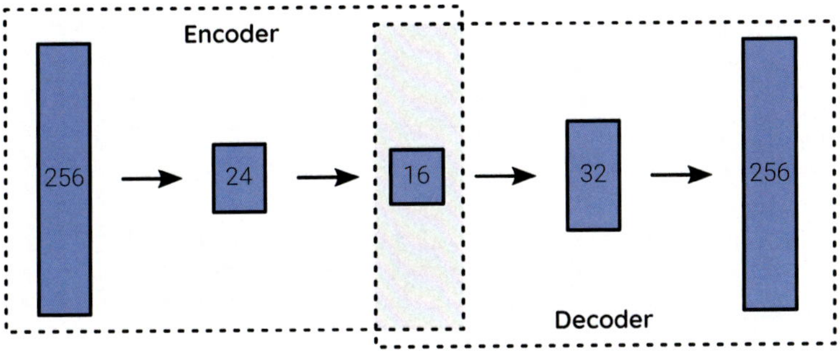

Bild 4.9 Layout eines Autoencoders zur Erkennung von Anomalien in Bildern bestehend aus jeweils 16 × 16 Pixel

Nach der Trainingsphase sollte der Autoencoder so ausgelegt sein, dass der Decoder ausschließlich Daten bzw. Bilder erzeugt, die vergleichbar mit fehlerfreien Objekten sind. Daher erwarten wir, dass sich die Ein- und Ausgangssignale fehlerhafter Testobjekte vergleichsweise weniger ähnlich sind, was zu einer größeren quadratischen Abweichung führt. Tatsächlich zeigt Bild 4.10 genau die erwarteten Ergebnisse: Dargestellt sind die quadratischen Abweichungen für 50 fehlerfreie und 50 fehlerhafte Testobjekte.

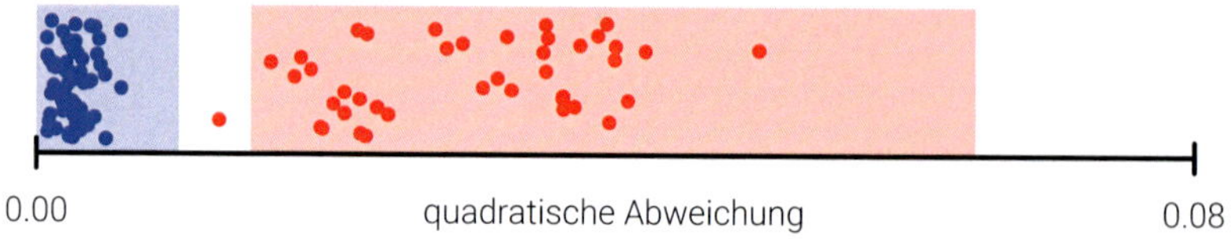

Bild 4.10 Testergebnis des Autoencoders zur Erkennung von Anomalien: Dargestellt ist die quadratische Abweichung für 50 fehlerfreie Testobjekte (blau) und 50 fehlerhafte Testobjekte (rot)

Von den Ergebnissen kannst du dich auch anhand der nachfolgenden Anwendung überzeugen:

www.taralino.de/exercise/EQHV3MRY

Ergänzend dazu findest du im folgenden Quellcode eine Implementierung des Beispiels:

www.taralino.de/exercise/CTV3WL7E

4.8 Bildgenerierung

Ein weiterer interessanter Anwendungsfall von Autoencodern ist die Generierung neuer Daten, womit wir ein Verfahren einer generativen Künstlichen Intelligenz erhalten und anhand von Bildern demonstrieren werden.

Wie wir bereits kennengelernt haben, sind Autoencoder in der Lage sind, Eingangsdaten zu komprimieren und anschließend bestmöglich wiederherzustellen. Wenn wir also einen Autoencoder mit Bilddaten (sinnvoll) trainiert haben, kann das Decoder-Netzwerk als Bildgenerator angesehen werden:

Zu einem beliebigen Punkt bzw. Vektor im latenten Raum generiert der Decoder ein Bild, das zum Umfang der Trainingsdaten passt (aber in der Regel keinem Trainingsobjekt exakt entspricht).

Dabei stellt sich die Frage, wie viele Informationen der ursprünglichen Trainingsdaten in einem neu generierten Bild enthalten sind. Neben dem Layout des Autoencoders sowie der Durchführung der Trainingsphase ist dies insbesondere davon abhängig, wie weit der im latenten Raum gewählte Punkt zur Generierung eines neuen Bildes von den latenten Darstellungen der Trainingsobjekte entfernt liegt (vgl. Bild 4.5).

Als Ausblick sei zudem erwähnt, dass sogenannte **Variational Autoencoder** oder kurz **VAE** spezielle Autoencoder sind, die heutzutage im Kontext der Bildgenerierung genutzt werden. Anders als klassische Autoencoder lernen Variational Autoencoder nicht nur die Komprimierung und Rekonstruktion, sondern modellieren die latenten Variablen als Wahrscheinlichkeitsverteilungen. Dadurch können nicht nur bestehende Bilder rekonstruiert, sondern auch neue, ähnliche Bilder generiert werden. Auf weitere Details dazu werden wir an dieser Stelle aber nicht eingehen. Stattdessen demonstrieren wir die Vorgehensweise klassischer Autoencoder zur Bildgenerierung exemplarisch im nachfolgenden Abschnitt.

4.9 Beispiel: Katzengesichter

Als Grundlage zur Demonstration der Bildgenerierung nutzen wir einen Datensatz, der Schwarz-Weiß-Bilder von Katzengesichter bestehend aus jeweils 32×32 Pixel bereitstellt. Die Trainingsobjekte bzw. die einzelnen Bilder bestehen entsprechend aus 1024 Merkmalen:

Pixel 1	Pixel 2	Pixel 3	...	Pixel 1024
0.41	0.43	0.42	...	0.47
0.48	0.48	0.51	...	0.52
0.58	0.67	0.69	...	0.52
0.37	0.49	0.31	...	0.32
...	...	...	...	...
0.23	0.30	0.28	...	0.25
0.23	0.32	0.36	...	0.69

Bild 4.11 zeigt zufällig gewählte Zeilen bzw. Trainingsobjekte des Datensatzes, dargestellt als Schwarz-Weiß-Bilder.

Zunächst wurde der Datensatz verwendet, um ein Autoencoder zum Layout aus Bild 4.12 zu trainieren.

Bild 4.11 Darstellung zufälliger Objekte des Katzengesichter-Datensatzes (als Schwarz-Weiß-Bild bestehend aus jeweils 32 × 32 Pixel)

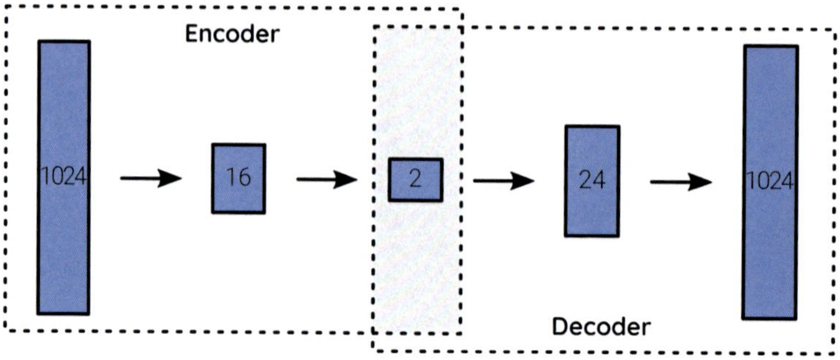

Bild 4.12 Layout eines Autoencoders unter Verwendung eines Datensatzes bestehend aus Schwarz-Weiß-Bildern von Katzengesichtern

Nach einer geeigneten bzw. ausreichend intensiven Trainingsphase wurden zufällige Punkte im latenten Raum gewählt und am Decoder-Netzwerk ausgewertet. Dadurch können (neue) Bilder von Katzengesichtern erzeugt werden, wie Bild 4.13 entnommen werden kann.

Bild 4.13 Darstellung neu erzeugter Katzengesichter unter Verwendung des zuvor trainierten Decoder-Netzwerks (Schwarz-Weiß-Bild bestehend aus jeweils 32 × 32 Pixel)

Das Netzwerk, mit dem auch die Beispiele aus Bild 4.13 generiert wurden, kann in folgender Anwendung erprobt werden:

www.taralino.de/exercise/EVXQNZZ2

In einer zweiten Analyse wurde der gleiche Datensatz verwendet, wobei nun ein Autoencoder zum Layout aus Bild 4.14 trainiert wurde. Der latente Raum besteht dabei aus vier Neuronen bzw. Merkmalen.

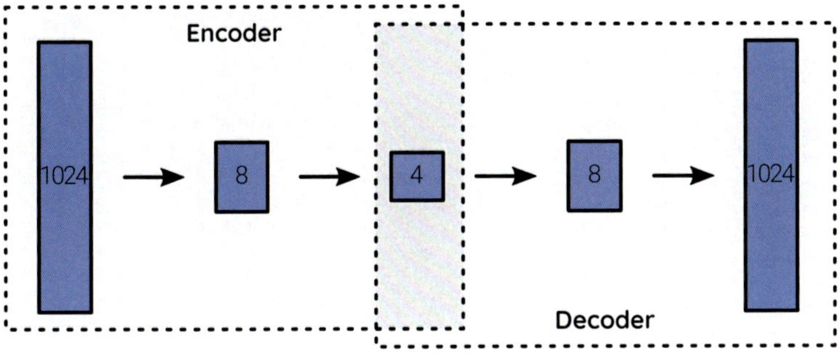

Bild 4.14 Layout eines Autoencoders unter Verwendung eines Datensatzes bestehend aus Schwarz-Weiß-Bildern von Katzengesichtern

Auch hier lässt sich (nach der Trainingsphase) das Decoder-Netzwerk zur Bildgenerierung einsetzen. In der folgenden Anwendung werden die vier Variablen im latenten Raum kontinuierlich angepasst, wodurch eine Animation mit fließend ineinander übergehenden Katzengesichtern entsteht:

www.taralino.de/exercise/E9RDM36Q

Zusammenfassend lässt sich beobachten, dass die neu generierten Katzengesichter in den Anwendungen zuvor nicht ganz so viel Varianz im Vergleich zu den Bildern der Trainingsdaten aufweisen. Aber dennoch demonstrieren die Beispiele, wie sich auf vergleichsweise einfache Art und Weise neue Bilder generieren lassen.

4.10 Fehlerkorrektur

Die Effekte, die wir bereits bei der Bildgenerierung, der Dimensionsreduktion sowie der Erkennung von Anomalien beobachten konnten, führen kombiniert zu einem abschließenden Anwendungsfall: die **Fehlerkorrektur** oder **Rauschunterdrückung**.

Gemeint ist damit folgende Idee: Angenommen, ein Autoencoder wurde mit (fehlerfreien) Daten trainiert und das Layout wurde so gewählt, dass sich die Trainingsobjekte ausreichend gut rekonstruieren lassen (der Autoencoder also nur zu kleineren Qualitätsverlusten zwischen Eingangs- und Ausgangssignal führt). Wenn nun Eingangssignale am Autoencoder ausgewertet werden, die zu den Trainingsdaten vergleichbar sind aber zufällige Störungen enthalten, dann kann der Autoencoder dazu beitragen, die Störungen bzw. Fehler zu korrigieren.

Zur Demonstration nutzen wir den Mnist-Datensatz sowie den Autoencoder aus Abschnitt 4.5. Zur Wiederholung: Ein Autoencoder wurde so aufgesetzt und trainiert, dass sich die handgeschriebenen Ziffern des Mnist-Datensatzes mit einem vergleichsweise geringen Qualitätsverlust rekonstruieren lassen.

Was wir nun tun, ist folgendes: Wie versehen Objekte des Mnist-Datensatzes (d. h. Bilder handgeschriebener Ziffern) mit zufälligen Fehlern. Konkret wird bei rund zwei Prozent der Pixel eine Farbumkehr vorgenommen. Anschließend werden die nun fehlerhaften Daten am Autoencoder ausgewertet, um die zufälligen Störungen zu korrigieren. Ergebnisse dieser Vorgehensweise können Bild 4.15 entnommen werden. Es ist zu beobachten, dass der Autoencoder die Pixelfehler durchaus gut korrigieren kann.

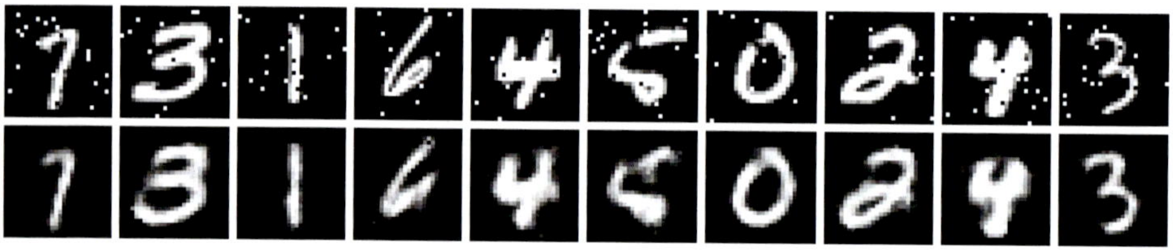

Bild 4.15 Zufällige Objekte des Mnist-Datensatzes versehen mit zufälligen Pixelfehlern und dargestellt als Schwarz-Weiß-Bilder (obere Zeile) sowie jeweils zugehöriges Ausgangssignal des Autoencoders, ebenfalls dargestellt als Schwarz-Weiß-Bilder (untere Zeile)

Überzeuge dich von den Ergebnissen gerne auch anhand der folgenden Anwendung:

www.taralino.de/exercise/EY4TDNPJ

Ausblickend lässt sich sagen, dass die grundlegende Strategie der Fehlerkorrektur auf gleiche Art und Weise erweitert werden kann, um beispielsweise eine generative Erweiterung von Bildern oder die Retuschierung von Bildinhalten vorzunehmen.

5 Autoregressive Modelle

In diesem Kapitel beantworten wir folgende Fragen:

- Was sind autoregressive Modelle im Kontext der generativen KI und welche Rolle spielen dabei neuronale Netze?
- Was ist die Softmax-Funktion und was ist in diesem Zusammenhang der Temperatur-Parameter?
- Warum sind große Sprachmodelle (Large Language Models) eigentlich nichts anderes als autoregressive Modelle?

5.1 Einleitung

Allgemein gesprochen handelt es sich bei **autoregressiven Modellen** um statistische Methoden, um Vorhersagen bzw. Prognosen basierend auf Zeitreihen oder Sequenzen treffen zu können. Und auch dazu lassen sich neuronale Netze einsetzen:

Wir stellen in diesem Kapitel exemplarisch vor, wie ein autoregressives Modell unter Verwendung neuronaler Netze aufgebaut werden kann, um Bilder handgeschriebener Ziffern zu generieren.

Dazu verwenden wir den Datensatz, den wir bereits in Abschnitt 3.8 kennengelernt haben. Der Datensatz besteht aus mehreren tausend Zeilen bzw. Objekten, wobei jedes Objekt als ein Schwarz-Weiß-Bild einer handgeschriebenen Ziffer bestehend aus 8×8

Pixel zu verstehen ist. Dabei führen wir (zunächst) eine Vereinfachung ein: Alle Bilder werden überführt in eine Darstellung bestehend aus nur drei Graustufen, sodass sämtliche Werte des Datensatzes entweder 0.0 (schwarz), 0.5 (grau) oder 1.0 (weiß) sind:

Pixel 1	Pixel 2	Pixel 3	...	Pixel 64
0.0	0.0	0.0	...	1.0
0.0	0.5	0.5	...	0.0
0.5	0.5	0.0	...	0.5
0.0	0.0	0.5	...	0.0
...	...	...	...	...
0.0	1.0	1.0	...	1.0
0.0	0.0	1.0	...	0.0

Bild 5.1 demonstriert zur Wiederholung, wie auf die übliche Art und Weise jede Zeile bzw. jedes Objekt des Datensatzes als Schwarz-Weiß-Bild interpretiert werden kann (und umgekehrt).

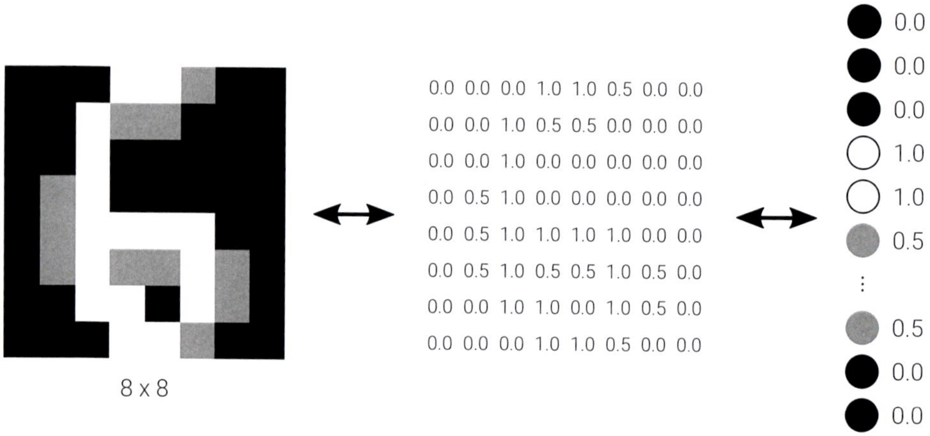

Bild 5.1 Jede Zeile bzw. jedes Objekt des Datensatzes kann wie üblich als Schwarz-Weiß-Bild interpretiert oder als Eingangssignal eines neuronalen Netzes angesehen werden

Darüber hinaus zeigt Bild 5.2 zur Veranschaulichung zufällig gewählte Objekte des auf drei Graustufen vereinfachten Datensatzes, welchen wir für ein autoregressives Modell zur Bildgenerierung verwenden werden.

Bild 5.2 Zufällige Objekte des auf drei Graustufen vereinfachten Datensatzes handgeschriebener Ziffern, jeweils dargestellt als Schwarz-Weiß-Bild bestehend aus 8 × 8 Pixel

5.2 Prognoseaufgabe

Um unser Vorhaben umzusetzen, müssen zahlreiche neuronale Netze definiert und trainiert werden. Daher betrachten wir zunächst nur den folgenden Fall: Angenommen, passend zu den Trainingsdaten soll ein Bild einer handgeschriebenen Ziffer erzeugt werden und es sind bereits die ersten 36 der insgesamt 64 Werte bzw. Graustufen bekannt (Bild 5.3, linker Bildbereich). Passend dazu definieren wir ein neuronales Netz, um folgende Prognoseaufgabe zu lösen:

In Abhängigkeit der Werte der ersten 36 Pixel eines zu generierenden Bildes soll ein neuronales Netz eine geeignete Vorhersage darüber geben, welchen Wert bzw. welche Graustufe der nachfolgende Pixel 37 haben könnte (Bild 5.3).

Entsprechend besitzt das neuronale Netz in unserem Beispiel 36 Eingangsneuronen sowie drei Ausgangsneuronen, da wir uns bei Pixel 37 zwischen weiß, grau und schwarz entscheiden wollen. Und wie üblich ergibt sich für alle drei Ausgangsneuronen stets ein Wert zwischen 0 und 1 mit folgender Bedeutung:

Je größer der Wert eines Ausgangsneurons, desto wahrscheinlicher die zugehörige Graustufe.

Offen bleibt jedoch eine Antwort darauf, wie sich auf sinnvolle Art und Weise gemäß der Werte der Ausgangsneuronen für eine Graustufe entschieden werden sollte. Darauf

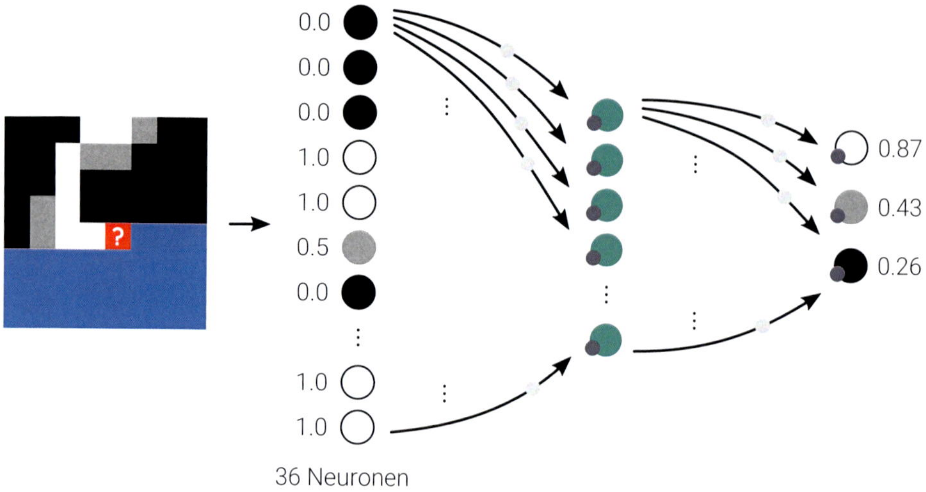

Bild 5.3 Ein neuronales Netz zur Lösung der folgenden Prognoseaufgabe: In Abhängigkeit der Werte der ersten 36 Pixel eines zu generierenden Bildes (Eingangssignal) soll eine Vorhersage darüber getroffen werden, welchen Wert der nachfolgende Pixel 37 (roter Pixel mit Fragezeichen) haben könnte. Abgesehen von Eingangs- und Ausgangsschicht kann wie üblich ein beliebiges Layout gewählt werden

gehen wir in den nächsten Abschnitten näher ein, ebenso darauf, wie das neuronale Netz auf Basis des Datensatzes trainiert werden kann.

Zudem sei bemerkt, dass sich die vorgestellte Prognoseaufgabe auf nur einen Pixel des zu generierendes Bildes bezieht. Daher wird pro Pixel ein eigenes neuronales Netz benötigt, jeweils mit einer anderen Anzahl an Eingangsneuronen.

5.3 Softmax-Funktion

Das Ergebnis der Prognoseaufgabe zuvor ist ein Ausgangssignal, welches in eine (diskrete) Wahrscheinlichkeitsverteilung zu überführen ist. Dies bedeutet, dass die Summe der Werte aller Ausgangsneuronen genau 1 ergeben soll, mit weiterhin Werten zwischen 0 und 1 für alle Ausgangsneuronen.

Im Beispiel aus Bild 5.4 wird das Ausgangssignal in eine derartige Verteilung überführt. Das finale Ergebnis der Prognoseaufgabe (d. h. die Farbe bzw. Graustufe von Pixel 37) wird nun gemäß der bestimmten Verteilung gewählt: Mit einer Wahrscheinlichkeit von 91 Prozent wählen wir weiß als finales Ergebnis für Pixel 37, mit einer Wahrscheinlichkeit von 7 Prozent grau und mit einer Wahrscheinlichkeit von den verbleibenden 2 Prozent schwarz.

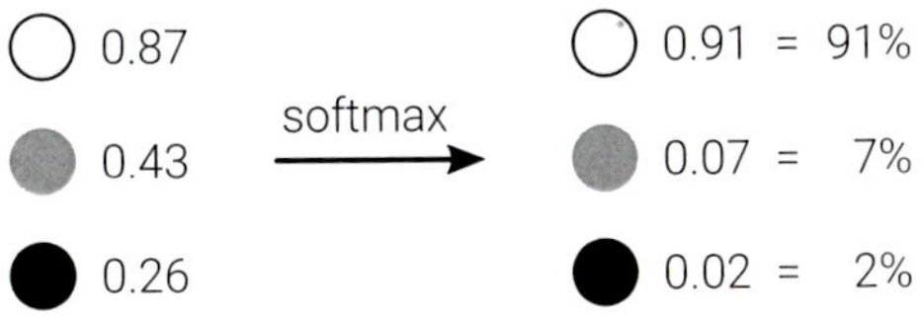

Bild 5.4 Überführung eines beliebigen Ausgangssignals in eine diskrete Wahrscheinlichkeitsverteilung

Natürlich soll bei der Überführung eines Ausgangssignal in eine Wahrscheinlichkeitsverteilung berücksichtigt werden, dass Ausgangsneuronen mit einem vergleichsweise großen Wert anschließend auch wahrscheinlicher sind. Und genau hier kommt die Softmax-Funktion ins Spiel:

Die **Softmax-Funktion** bietet eine Möglichkeit, ein Ausgangssignal mit einer beliebigen Anzahl an Neuronen (bzw. einen Vektor bestehend aus reellen Zahlen) auf sinnvolle Art und Weise in eine (diskrete) Wahrscheinlichkeitsverteilung zu überführen.

Um die Softmax-Funktion mathematisch zu formulieren, bezeichnen wir die Werte der im allgemeinen Fall n Ausgangsneuronen mit x_1 bis x_n. Damit gilt:

Zu den Ausgangsneuronen mit den Werten x_k für $k = 1, \ldots, n$ bestimmen wir die zugehörigen Wahrscheinlichkeiten $\sigma(x_k)$ gemäß folgender Rechenvorschrift:

$$x_k \longrightarrow \sigma(x_k) = \frac{\exp\left(\frac{x_k}{T}\right)}{\sum\limits_{i=1}^{n} \exp\left(\frac{x_i}{T}\right)}$$

Dabei ist $T > 0$ der sogenannte **Temperatur**-Parameter.

Die Softmax-Funktion erfüllt alle zuvor geforderten Eigenschaften (und das für alle positiven Werte für T). Dabei ist es von großer Bedeutung, wie der Temperatur-Parameter gewählt wird:

---

www.taralino.de/exercise/ECZHML4G

Wie du in der Anwendung beobachten kannst, hat der Temperatur-Parameter einen entscheidenden Einfluss auf die Wahrscheinlichkeitsverteilung:

> Bei zunehmenden Temperaturen werden die Wahrscheinlichkeiten aller Ausgangsneuronen ähnlicher, während bei niedrigen Temperaturen einzelne Neuronen bzw. Werte dominanter werden (Bild 5.5).

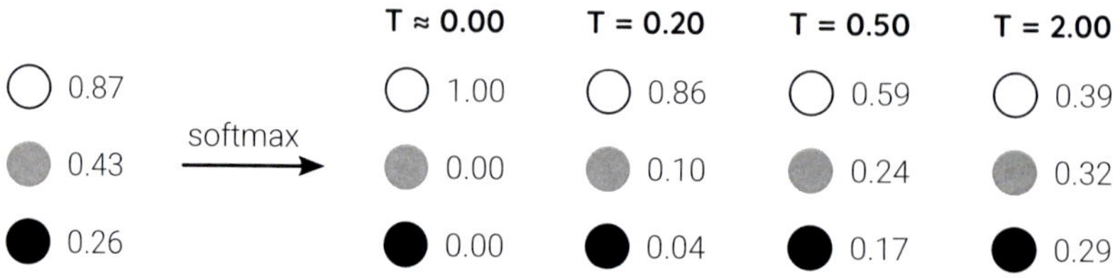

Bild 5.5 Beispiel zur Anwendung der Softmax-Funktion in Abhängigkeit der Temperatur

Für den Grenzfall $T \longrightarrow 0$ ergibt sich stets der Fall, dass jeweils das Ausgangsneuron mit dem größten Wert zu 100 Prozent gewählt wird, d. h., der Zufall spielt dann keine Rolle mehr. Für vergleichsweise große Werte von T hingegen sind alle Neuronen nahezu gleich wahrscheinlich, was zu quasi rein zufälligen Ergebnissen führt. Zusammenfassend hat die Wahl des Temperatur-Parameters später auch einen entscheidenden Einfluss auf die Generierung von Bildern.

Abschließend sei erwähnt, dass der Parameter T als Temperatur bezeichnet wird, da er ähnlich wie in der Physik das Verhalten des Systems aufheizt (d. h. mehr Zufall ins Spiel bringt) bzw. abkühlt (d. h. zu einem festen Ergebnis führt).

5.4 Trainingsdaten

Schließlich müssen wir uns noch Gedanken dazu machen, wie ein neuronales Netz zur Lösung der Prognoseaufgabe auf Grundlagen eines Datensatzes trainiert werden kann. Exemplarisch stellen wir die Vorgehensweise am bekannten neuronales Netz aus Bild 5.3 vor.

Die Eingangssignale bestehen aus 36 Neuronen (gemäß der ersten 36 Pixel eines Bildes einer handgeschriebenen Ziffer). Auf Basis der Trainingsdaten soll das neuronale Netz dahingehend trainiert werden, sodass eine geeignete Wahrscheinlichkeitsverteilung zur Wahl der Farbe bzw. Graustufe von Pixel 37 bestimmt werden kann. Konkret erstellen wir die Trainingsdaten für das neuronale Netz aus Bild 5.3 auf Basis des vollständigen Datensatzes handgeschriebener Ziffern gemäß folgender Tabelle (s. auch Bild 5.6):

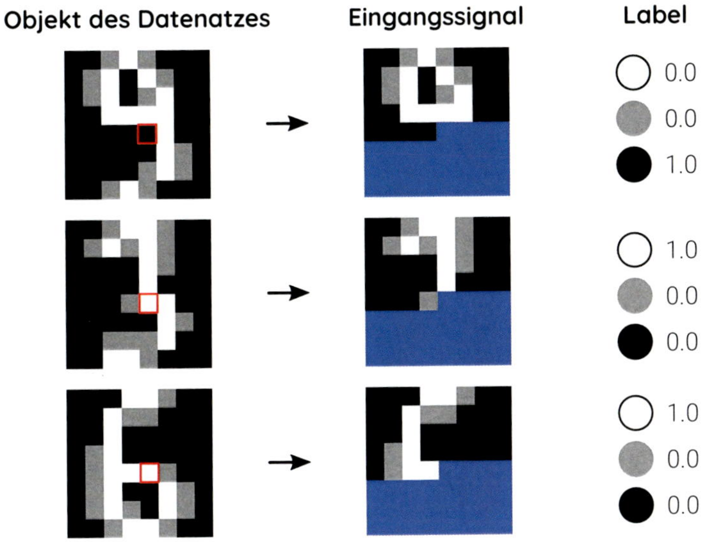

Bild 5.6 Darstellung, wie aus unterschiedlichen Bildern des vollständigen Datensatzes (links) einzelne Trainingsobjekte (d. h. Eingangssignale samt Label bzw. gewünschte Ausgangssignale) zum Trainieren des neuronalen Netzes zur Bestimmung von Pixel 37 abgeleitet werden

Eingangssignal (36 Pixel)	Pixel 37	Ausgangssignal (gewünscht)
(0.0, 0.0, 0.0, …, 0.5)	weiß	(1, 0, 0)
(0.0, 0.5, 1.0, …, 1.0)	grau	(0, 1, 0)
(0.5, 0.5, 0.5, …, 0.0)	weiß	(1, 0, 0)
(0.0, 0.0, 0.5, …, 0.5)	schwarz	(0, 0, 1)
…	…	…
(0.0, 1.0, 0.5, …, 0.0)	grau	(0, 1, 0)
(0.0, 0.0, 1.0, …, 0.5)	grau	(0, 1, 0)

Es ist zu beachten, dass die Eingangssignale aus jeweils 36 Werten bzw. Neuronen bestehen. Damit sind nun aber alle notwendigen Schritt besprochen, sodass das neuronale Netz (s. Bild 5.3) wie üblich trainiert werden kann.

5.5 Zusammenfassung

In den Abschnitten zuvor haben wir insbesondere das Beispiel besprochen, wie der Wert bzw. die Graustufe von Pixel 37 als Prognoseaufgabe formuliert werden kann und wie wir uns basierend auf der Prognoseaufgabe gemäß einer Wahrscheinlichkeitsverteilung für einen Wert bzw. eine Graustufe entscheiden. Natürlich lässt sich die Vorgehensweise analog für alle Pixel eines Bildes durchführen:

Autoregressive Modelle in der Bildgenerierung arbeiten, indem sie ein Bild Pixel für Pixel bzw. Wert für Wert sequenziell vorhersagen. Für jeden Pixel bzw. jeden Wert wird dabei ein eigenes neuronales Netz verwendet, das die Abhängigkeit von zuvor generierten Werten berücksichtigt, um den nächsten Wert zu prognostizieren.

Die schrittweise Methode autoregressiver Modelle ermöglicht detaillierte Ergebnisse, kann jedoch rechnerisch aufwendig sein, da zahlreiche neuronale Netze benötigt werden.

Abschließend sei bemerkt, dass der aller erste Wert (Pixel 1) rein zufällig gewählt werden kann. In unserem Beispiel folgen entsprechend 63 neuronale Netze, um ein neues Bild Pixel für Pixel zu generieren. Dabei spielt jeweils der Zufall eine entscheidende Rolle, sodass in der Regel jeweils unterschiedliche Bilder generiert werden (Bild 5.7).

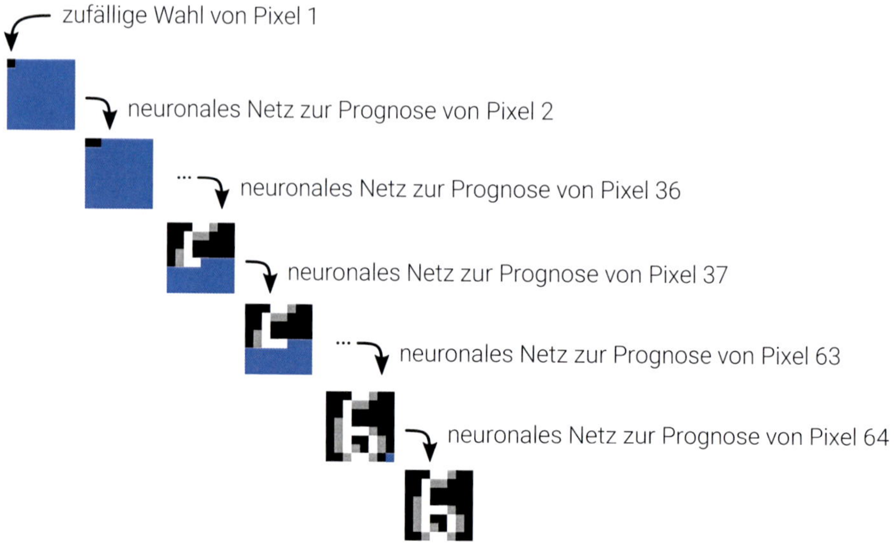

Bild 5.7 Zusammenfassung eines autoregressiven Modells zur Generierung handgeschriebener Ziffern bestehend aus 8 × 8 Pixel. Man beachte, dass die Wahl sämtlicher Pixel einer Wahrscheinlichkeitsverteilung unterliegen, sodass jeweils unterschiedliche Bilder generiert werden

5.6 Beispiel: Handgeschriebene Ziffern

Mit den Vorarbeiten sind wir nun in der Lage, das konkrete Beispiel zur Generierung neuer handgeschriebener Ziffern zu untersuchen. Die zuvor beschriebene Vorgehensweise kannst du anhand der folgenden Anwendung erproben, wobei der Temperatur-Parameter variiert werden kann (s. auch Bild 5.8):

www.taralino.de/exercise/EADT2V8V

Bild 5.8 Ergebnisse des autoregressiven Modells zur Generierung handgeschriebener Ziffern bestehend aus jeweils drei Graustufen: Temperatur-Parameter 0.02 (obere Zeilen), Temperatur-Parameter 0.10 (mittlere Zeilen), Temperatur-Parameter 0.50 (untere Zeilen)

Die Ergebnisse zeigen, dass sich in der Tat Bilder handgeschriebener Ziffern erzeugen lassen:

Bei einer ausgewogenen Wahl des Temperatur-Parameters der Softmax-Funktion lassen sich durchaus sinnvolle Bilder generieren.

Es ist jedoch zu beachten: Ist die Temperatur zu gering, dann spielt der Zufall eine sehr geringe Rolle, sodass häufig ähnliche oder identische Bilder erzeugt werden. Ist die Temperatur zu hoch, dann ergeben sich scheinbar zufällige Ergebnisse.

Zusammenfassend sind die Ergebnisse vielleicht nicht perfekt und in einigen generierten Bildern lässt sich nur schwer eine Ziffer erkennen (selbst bei sinnvoller Wahl der Temperatur). Allerdings muss auch berücksichtigt werden, dass viele Bilder des zugrundeliegenden Datensatzes ebenfalls nicht sonderlich gut waren (vgl. Bild 5.2).

Von daher ist es schon bemerkenswert, mit welchen vergleichsweise einfachen Mittel wir in der Lage sind, Bilder mit einer zu den Trainingsdaten durchaus vergleichbaren Qualität zu generieren. An dieser Stelle solltest du (genau wie bei der Bildgenerierung unter Verwendung eines Autoencoders) über folgenden Sachverhalt nachdenken:

Mache dir Gedanken dazu, wie viele Informationen der Trainingsdaten in den neu generierten Bildern enthalten sind.

Schließlich sei bemerkt, dass sich natürlich auch eine größere Anzahl an Graustufen realisieren lässt (sofern der zugrundeliegende Datensatz dieses zulässt). In der nachfolgenden Anwendung kann daher ein autoregressives Modell untersucht werden, wobei sich handgeschriebene Ziffern bestehend aus neun Graustufen erzeugen lassen:

www.taralino.de/exercise/ECNU49YP

Auch hier sind die Ergebnisse qualitativ ähnlich wie zuvor: Sofern eine geeignete Wahl des Temperatur-Parameters getroffen wird, lassen sich durchaus zu den Trainingsdaten vergleichbare Bilder generieren.

5.7 Exkurs: Large Language Models

Wie im Vorwort bereits angedeutet, verbergen sich hinter ChatGPT, Microsoft Copilot und Co. große Sprachmodelle (Large Language Models). Dabei handelt es sich um spezielle KI-Modelle, die natürliche Sprache verstehen und neue Texte generieren können. Eine der wichtigsten Forschungsarbeiten, die zur aktuell rasanten Entwicklung der Large Language Models beigetragen hat, ist folgende:

Ashish Vaswani et al. (2017). Attention Is All You Need. Veröffentlicht unter arXiv: 1706.03762

Als kleinen Ausblick zeigen wir in diesem Abschnitt, dass Large Language Models ebenfalls als autoregressive Modelle angesehen werden können.

Dazu müssen wir zunächst verstehen, dass sich hinter jedem Large Language Model ein Wörter- bzw. **Tokenbuch** befindet:

> Ein Token ist eine Einheit aus Text, die das Modell verarbeiten kann. Ein Token kann dabei ein Wort, ein Teil eines Wortes oder auch ein einzelnes Schriftzeichen sein.

Jedes Sprachmodell verfügt über eine fest definierte Anzahl an Token, die das Tokenbuch bestimmen. In der Regel umfasst ein Tokenbuch mehrere tausend oder zehntausend Token, mit denen sich beliebige Texte in Dutzenden von Sprachen generieren lassen. Mit dieser Grundlagen können wir folgende Aussage verstehen:

> Large Language Models sind autoregressive Modelle, da sie Text sequenziell generieren: Basierend auf der Sequenz zuvor generierten Token wird jeweils ein nachfolgendes Token gemäß einer Wahrscheinlichkeitsverteilung vorhergesagt.

An einer roten	Ampel
An einer roten Ampel	bleibe
An einer roten Ampel bleibe	ich
An einer roten Ampel bleibe ich	stehen
...	...

Bild 5.9 Beispiel, wie bezüglich einer Eingabesequenz (Prompt) ein Text vervollständigt wird: Wie bei autoregressiven Modellen üblich, werden sequenziell einzelne Token (im Beispiel ganze Wörter) ergänzt

Um etwas genauer zu sein: Der Prozess beginnt mit einer Eingabesequenz (dem sogenannten **Prompt**) und ein geeignetes Modell berechnet die Wahrscheinlichkeitsverteilung für das nächste Token. Das gemäß der bestimmten Verteilung gewählte nachfolgende Token wird an die Sequenz angehängt und der Vorgang wiederholt, bis ein spezieller Stopp-Token die Textgenerierung abschließt (Bild 5.9).

Auch bei derartigen KI-Modellen kommt die Softmax-Funktion zum Einsatz: Abhängig von einer beliebigen Eingabesequenz im Prozess ermitteln die Modelle zunächst für alle Token im Tokenbuch einen Zahlenwert, wobei Token mit einem vergleichsweise großen Wert als wahrscheinlicher anzusehen werden.

> Dabei ist es durchaus komplex, wie für eine beliebige Eingabesequenz zu jedem Token ein sinnvoller Zahlenwert ermittelt wird. Dazu möchten wir an dieser Stelle nicht weiter ins Detail gehen. Nur so viel: Auch hierbei spielen neuronale Netze eine zentrale Rolle.

Die Softmax-Funktion wird schließlich auf den Vektor bestehend aus sämtlichen Werten aller Token angewandt, um eine Wahrscheinlichkeitsverteilung bezüglich der Token im Tokenbuch zu erhalten (Bild 5.10). Auch hier ist die Wahl des Temperatur-Parameters entscheidend für die Genauigkeit bzw. Kreativität der Vorhersage bzw. Ausgabe.

Bild 5.10 Schematische Darstellung, wie zu einer Eingabesequenz für alle Token im Tokenbuch ein Zahlenwert ermittelt wird. Die Softmax-Funktion überführt die Zahlenwerte schließlich in eine Wahrscheinlichkeitsverteilung, die zur Wahl des nachfolgenden Tokens verwendet wird: Ampel wird beispielsweise mit einer Wahrscheinlichkeit von 45 Prozent gewählt

6 Diffusionsmodelle

In diesem Kapitel beantworten wir folgende Fragen:

- Was sind Diffusionsmodelle im Kontext der generativen KI und welche Verbindung haben sie zu neuronalen Netzen?
- Warum werden die Trainingsdaten Schritt für Schritt verrauscht und welche Bedeutung hat dies für die Trainingsphase?
- Wie wird aus rein zufälligem Rauschen ein Bild erzeugt, das zu den Trainingsdaten vergleichbar ist?

6.1 Einleitung

Nach der Betrachtung von Autoencodern und autoregressiven Modellen wenden wir uns nun einem weiteren leistungsstarken Ansatz der Bildgenerierung zu, den **Diffusionsmodellen** oder **Diffusion Models**.

Diffusionsmodelle sind darauf ausgelegt, Bilder ähnlich zu den Trainingsdaten durch schrittweises Hinzufügen und anschließendes Entfernen von Rauschen zu generieren.

Dabei greifen auch Diffusionsmodelle auf neuronale Netze zurück, um die Muster in den Daten zu erlernen. Wie die grundlegende Aufbau ist, demonstrieren wir wie zuvor anhand des Datensatzes handgeschriebener Ziffern bestehend aus 8×8 Pixel (Schwarz-Weiß-Bilder mit beliebigen Graustufen):

Pixel 1	Pixel 2	Pixel 3	...	Pixel 64
0.00	0.38	0.50	...	0.50
0.06	0.19	0.94	...	0.38
0.00	0.69	0.25	...	0.75
0.06	0.38	0.38	...	0.67
...	...	...	...	...
0.06	0.19	1.00	...	0.38
0.00	0.63	0.44	...	0.00

In den folgenden Abschnitten erläutern wir, wie die einzelnen Objekte bzw. Bilder des Datensatzes Schritt für Schritt mit einem zufälligen Rauschen versehen werden, bis scheinbar zufällige Muster entstehen. Anschließend dient das wiederholte Anwenden eines neuronalen Netzes dazu, aus rein zufälligen Eingangssignalen jeweils neue Bilder entstehen zu lassen.

6.2 Prozess der Verrauschung

Bevor wir das zentrale neuronale Netz eines Diffusionsmodells vorstellen, beschäftigen wir uns mit der Verrauschung der Trainingsdaten:

Der Prozess der **Verrauschung** beschreibt das schrittweise Hinzufügen von zufälligem Rauschen zu den Trainingsdaten, um die ursprüngliche Datenstruktur systematisch zu verändern und die Modelle darauf vorzubereiten, diese im umgekehrten Prozess wiederherzustellen.

Dabei sollte in jedem Schritt ein gleichverteiltes Rauschen gemäß einer Normalverteilung zum Einsatz kommen (Bild 6.1).

Neben der Anzahl der Wiederholungen spielt die Standardabweichung der Normalverteilung eine entscheidende Rolle: Bei einer vergleichsweise kleinen Standardabweichung wird von Schritt zu Schritt nur ein schwaches Rauschen hinzugefügt, bei einer großen Standardabweichung hingegen ein starkes Rauschen:

www.taralino.de/exercise/EAD2NRTC

Bild 6.1 Visualisierung des Prozesses der Verrauschung: in der linken Spalte sind zufällige Objekte bzw. Bilder das Datensatzes zu sehen, die jeweils (von links nach rechts) einem Prozess der Verrauschung unterzogen wurden

Grundsätzlich ist es wichtig, dass die Wahl der Standardabweichung und die Anzahl der Wiederholungen in Abhängigkeit des Datensatzes in einem ausgewogenen Maße zueinander stehen. Bei jedem Objekt der Trainingsdaten sollte am Ende des Prozesses der Verrauschung ein scheinbar zufälliges Ergebnis entstanden sein, sodass das ursprüngliche Bild bzw. die ursprüngliche Ziffer nicht mehr zu erkennen ist (vgl. rechte Spalte in Bild 6.1).

6.3 Prozess der Entrauschung

Mit dem Prozess der Verrauschung haben wir die Vorbereitungen durchgeführt, um schließlich im umgekehrten Falle Bilder zu generieren:

> Der Prozess der **Entrauschung** beschreibt die schrittweise Entfernung von Rauschen aus einem zufälligen Ausgangszustand, um Schritt für Schritt ein Bild zu rekonstruieren, das inhaltlich den Trainingsdaten entspricht.

Und genau an dieser Stelle kommt ein neuronales Netz zum Einsatz:

> Die Aufgabe des neuronalen Netzes eine Diffusionsmodells lautet, aus einem verrauschten Bild ein weniger verrauschtes Bild zu erzeugen.

Genauer gesagt soll das neuronale Netz trainiert werden, um jeweils einen Schritt der Verrauschung rückgängig zu machen (Bild 6.2).

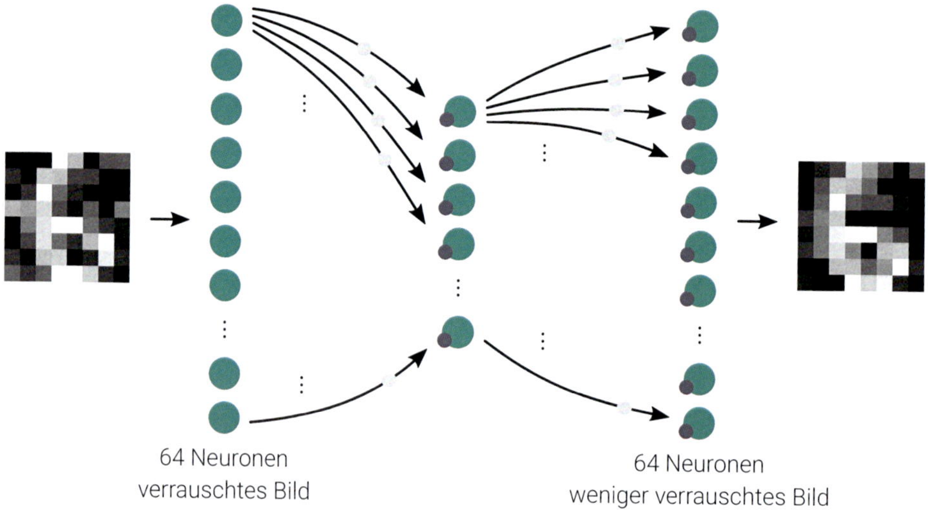

Bild 6.2 Das neuronale Netz eines Diffusionsmodells: Die Aufgabe besteht darin, einen Schritt der Verrauschung rückgängig zu machen

Da sowohl das Eingangs- als auch das Ausgangssignal die gleiche Anzahl an Neuronen besitzen (sowie jeweils als Bild interpretiert werden können), kann das neuronale Netz wiederholt angewandt werden. Die zusammenfassende Vorgehensweise eines Diffusionsmodells ist daher folgende:

Ausgehend von einem rein zufälligen Rauschen wird das (zuvor trainierte) neuronale Netz eines Diffusionsmodells wiederholt angewandt, bis schließlich ein neu generiertes Bild entsteht (Bild 6.3).

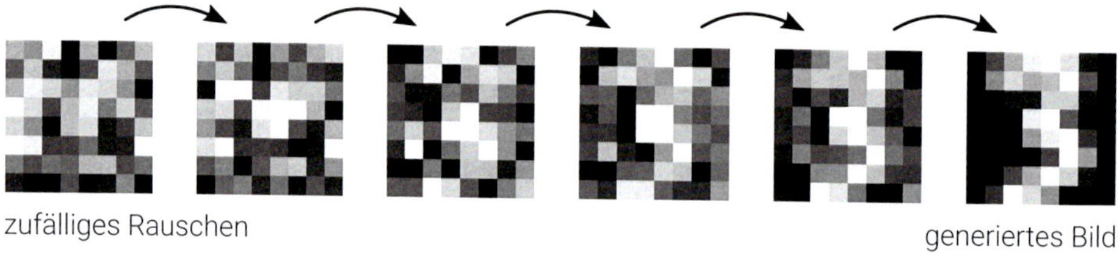

Bild 6.3 Beispiel zum Prozess der Entrauschung: Ausgehend von einem zufälligen Rauschen (links) wird wiederholt ein neuronales Netz angewandt, um ein neues Bild zu generieren, nämlich das Bilder einer handgeschriebenen Ziffer (rechts)

Die Anzahl der Wiederholungen der Entrauschung ist dabei in der Regel gleich der Anzahl der Schritte der Verrauschung (je nach Modell ggf. aber auch geringer, wie wir später erläutern werden). Zudem sei bemerkt, dass der Zufall ausschließlich bei der Erstellung des initialen Rauschens eine Rolle spielt. Davon abhängig ist also, welches Bild (in unserem Falle welche Ziffer) generiert wird.

6.4 Beispiel: Handgeschriebene Ziffern

Bevor wir im nächsten Abschnitt besprechen, wie das neuronale Netz eines Diffusionsmodells konkret trainiert werden kann, schauen wir uns den Prozess der Entrauschung genauer an.

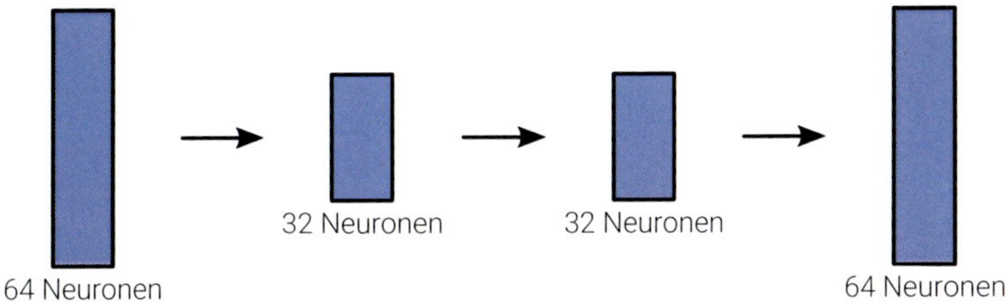

Bild 6.4 Layout des neuronalen Netzes eines Diffusionsmodells zur Generierung handgeschriebener Ziffern

Am Beispiel der handgeschriebenen Ziffern wurde ein neuronales Netz gemäß des Layouts aus Bild 6.4 gewählt und trainiert. Anschließend kann der Prozess der Entrauschung durchgeführt werden: Ausgehend von einem rein zufälligen Rauschen wird das neuronale Netz zwölf Mal angewandt, um ein neues Bild zu generieren:

www.taralino.de/exercise/EFJUDZNK

In Ergänzung zur Anwendung zeigt Bild 6.5 zahlreiche generierte Ziffern, jeweils berechnet in Abhängigkeit eines zufälligen initialen Rauschens. Tatsächlich lassen sich unterschiedlichste Bilder generieren, insbesondere sind alle zehn Ziffern vertreten.

Bild 6.5 Beispiele von Bildern handgeschriebener Ziffern, die mit einem Diffusionsmodell erzeugt wurden

Auch die Implementierung eines Diffusionsmodells kann (unter Verwendung eines geeigneten Softwarepakets) mit nur wenigen Zielen Quellcode umgesetzt werden. Schau dir dazu (optional) gerne das folgende Beispiel an:

www.taralino.de/exercise/CRLT2TMQ

6.5 Trainingsdaten

Wir haben bereits vorgestellt, dass ein Datensatz bestehend aus zahlreichen Bildern zum Trainieren eines Diffusionsmodells benötigt wird. Zudem haben wir besprochen, dass der Prozess der Verrauschung auf alle Bilder des Datensatzes angewandt wird. Offen hingegen ist, wie darauf aufbauend die Trainingsdaten zum Trainieren des neuronalen Netzes abgeleitet werden.

Wie üblich benötigen wir zum Trainieren zahlreiche Eingangssignale mit einem jeweils zugehörigen Label bzw. einem gewünschten Ausgangssignal. Die Vorgehensweise bei Diffusionsmodelle ist dabei folgende: Zu jedem Bild bzw. Objekt des Datensatzes der Originalbilder werden alle Bilder, die im Prozess der Verrauschung erzeugt werden, als ein Eingangssignal für ein Trainingsobjekt angesehen. Das zugehörige gewünschte Ausgangssignal ist jeweils das unverrauschte Originalbild (Bild 6.6).

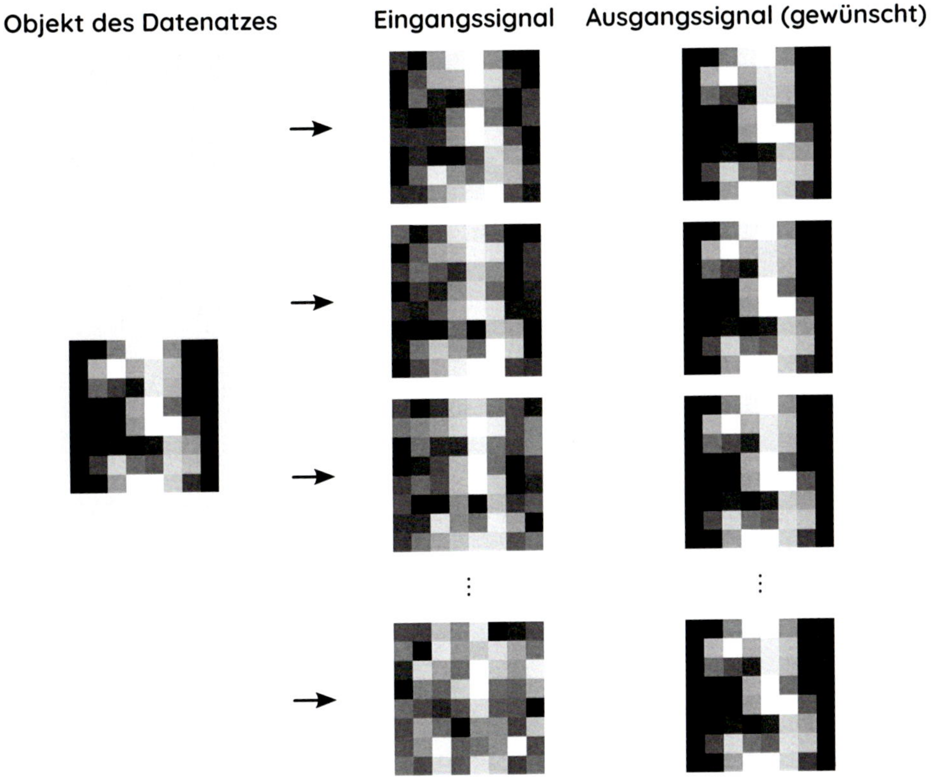

Bild 6.6 Beispiel der Trainingsobjekte, die aus einem Bild bzw. Objekt des Datensatzes der Originalbilder abgeleitet werden. Mit anderen Worten: Für jedes Originalbild werden ebenso viele Trainingsobjekte erstellt, wie Schritte im Prozess der Verrauschung gewählt wurden

Zur Wiederholung sei darauf hingewiesen, dass die Aufgabe des neuronalen Netzes darin besteht, einen Schritt der Verrauschung rückgängig zu machen. Daher wäre es zu erwarten gewesen, dass als gewünschtes Ausgangssignal nicht das (unverrauschte) Originalbild, sondern das jeweils vorherige Bild im Prozess der Verrauschung gewählt wird. Allerdings führt die vorgeschlagene Vorgehensweise schneller zum Ziel, wodurch beim Prozess der Entrauschung auch eine kleinere Anzahl an Wiederholungen gewählt werden kann.

6.6 Beispiel: Strichzeichnungen

Als ein weiteres Beispiel verwenden wir einen Datensatz, der aus insgesamt 2000 Strichzeichnungen von Äpfeln besteht. Dabei wurde jedes Bild auf eine Größe von 20 × 20 Pixel skaliert (Bild 6.7).

Pixel 1	Pixel 2	Pixel 3	...	Pixel 400
0.79	0.73	0.72	...	0.48
0.98	0.82	0.73	...	0.14
0.75	0.24	0.42	...	0.97
0.61	0.32	0.31	...	0.49
...	...	...	...	...
0.16	0.07	0.87	...	0.67
0.37	0.11	0.22	...	0.49

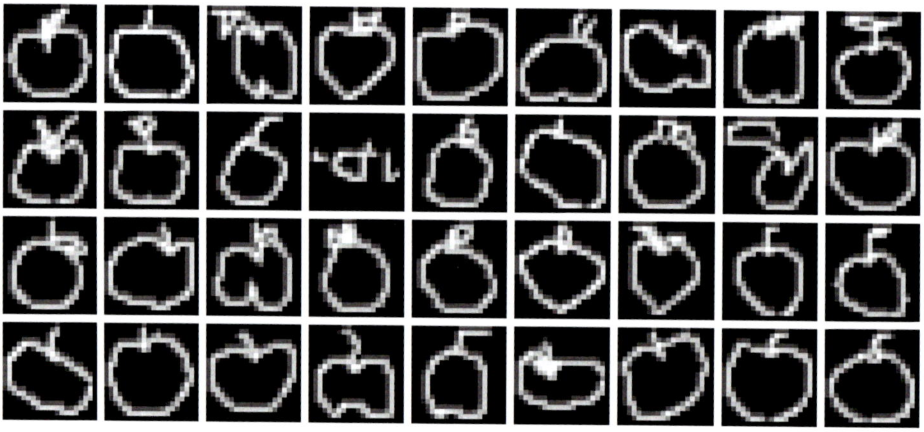

Bild 6.7 Zufällige Objekte des Datensatzes bestehend aus Strichzeichnungen von Äpfeln. Alle Bilder wurden auf 20 × 20 Pixel skaliert

Alle Objekte des Datensatzes wurden einem Prozess der Verrauschung unterzogen, jeweils bestehend aus acht Schritten (Bild 6.8). Anschließend können die Trainingsdaten wie im Abschnitt zuvor beschrieben erzeugt werden, um das neuronale Netz eines Diffusionsmodells zu trainieren (Bild 6.9). Bei 2000 Strichzeichnungen sowie acht Schritten der Verrauschung ergeben sich 16.000 Trainingsobjekte.

Nachdem eine geeignete Trainingsphase durchgeführt wurde, kann das neuronale Netz verwendet werden, um den Prozess der Entrauschung auf ein zufälliges Rauschen anzuwenden. Dabei haben wir uns dazu entschieden, jeweils sechs Schritte der Entrauschung durchzuführen. Bild 6.10 zeigt einige Beispiele von Strichzeichnungen, die wir mit dieser Vorgehensweise erstellen konnten.

Bild 6.8 Visualisierung des Prozesses der Verrauschung bezüglich vier zufälliger Objekte des Datensatzes bestehend aus Strichzeichnungen von Äpfeln

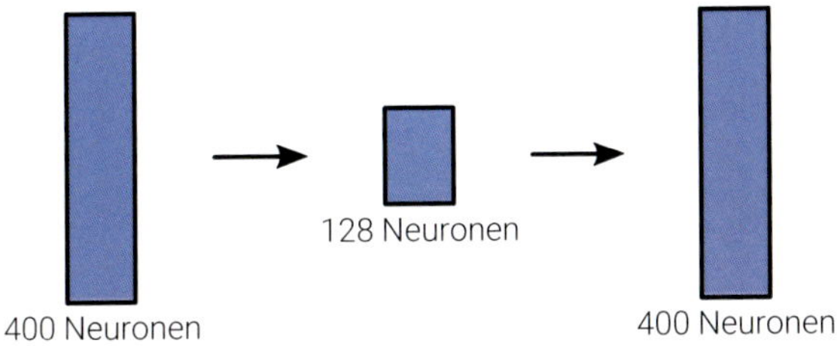

Bild 6.9 Das im Beispiel verwendete Layout des neuronalen Netzes eines Diffusionsmodells zur Generierung von Strichzeichnungen

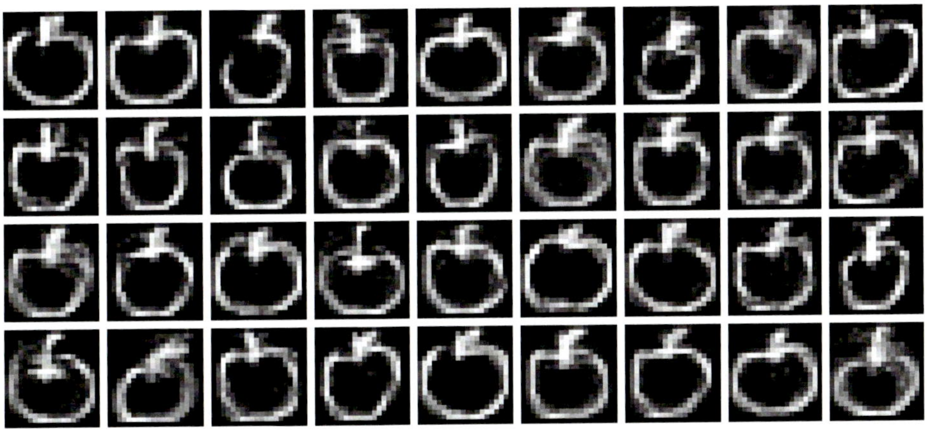

Bild 6.10 Beispiele von Strichzeichnungen, die mit unserem Diffusionsmodell erzeugt wurden

Wenn du magst, kannst du das Diffusionsmodell schließlich auch in der folgenden Anwendung ausprobieren:

www.taralino.de/exercise/EXFQ9XDA

6.7 Zusammenfassung

Damit Diffusionsmodelle auch zur Generierung größerer und fotorealistischer Bilder geeignet sind, wird eine erheblich größere Menge an Trainingsdaten benötigt. Zudem bestehen die Prozesse der Ver- und Entrauschung in der Regel aus mehreren hundert Iterationen. Neben der grundlegenden Vorgehensweise, die wir bislang vorgestellt haben, kommen verschiedene fortgeschrittene Techniken zum Einsatz, beispielsweise Faltungsnetzwerke, wie wir im nachfolgenden Kapitel kennenlernen werden. Dennoch lässt sich sagen:

Wir haben den Grundgedanken der Diffusionsmodelle kennengelernt und diesen auf einfache Art und Weise anhand zweier Beispiele demonstrieren können. Dabei kam jeweils ein einziges neuronales Netz zum Einsatz.

Diese Erkenntnisse helfen uns erheblich, um sowohl die Arbeitsweise als auch die Ergebnisse generativer Künstlicher Intelligenz deutlich besser einschätzen zu können. Eine Fragestellung, die sich dabei wie üblich ergibt, ist folgende:

Mache dir Gedanken dazu, wie viele Informationen der Trainingsdaten in den neu generierten Bildern enthalten sind bzw. ob sich dies bewerten lässt.

Sicherlich wirst auch du diese Frage nicht exakt beantworten können. Dennoch sollte ein grundlegendes Verständnis der Arbeitsweise von Diffusionsmodellen dabei helfen, sich eine fundierte Meinung diesbezüglich zu bilden.

6.8 Exkurs: Text-zu-Bild

Diffusionsmodelle haben in den vergangenen Jahren eine rasante Entwicklung durchlaufen, insbesondere vorangetrieben durch folgende Forschungsarbeit:

Jonathan Ho, Ajay Jain und Pieter Abbeel. (2020). Denoising Diffusion Probabilistic Models. Veröffentlicht unter arXiv:2006.11239

Diffusionsmodelle werden aber auch deshalb in aktuellen KI-Systemen zur Bildgenerierung eingesetzt, da sie eine Text-zu-Bild-Generierung ermöglichen. Als Ausblick möchten wir auch dies kurz skizzieren.

Voraussetzung ist eine Textkodierung. Dies bedeutet, dass ein beliebiger Text (insb. ein Prompt oder eine Bildunterschrift) in eine numerische Darstellung übersetzt werden kann. Konkret analysiert ein Textencoder einen Text und wandelt diesen in einen Vektor um, also in eine Art numerischen Fingerabdruck, der den Text beschreibt.

Bei den Trainingsdaten eines Diffusionsmodells zur Text-zu-Bild-Generierung werden Bilder verwendet, die zusätzlich mit Bildunterschriften versehen sind. Alle Bildunterschriften werden mithilfe des Textencoders in Vektoren überführt und als zusätzliche Information während der Trainingsphase berücksichtigt. Das Modell lernt dabei, wie Bildinhalte den Bedeutungen der Texte zugeordnet werden können, um passende Bilder zu erzeugen.

Aus der Perspektive des Anwenders kann ein Prompt eingegeben werden, der beschreibt, was das Diffusionsmodell erzeugen soll. Der Prompt wird ebenfalls mithilfe des Textencoders in einen Vektor überführt. Beim Diffusionsprozess, d. h. beim Prozess der Entrauschung, wird der Vektor bzw. der Fingerabdruck des Prompts in jedem Schritt berücksichtigt. Durch spezielle Mechanismen kann das Modell dadurch bestimmen, welche Bildinhalte gemäß den antrainierten Bildunterschriften zur Beschreibung im Prompt passen.

7 Faltungsnetzwerke

In diesem Kapitel beantworten wir folgende Fragen:

- Was sind Faltungsschichten und wie tragen diese zur Erkennung bestimmter Merkmale in Bildern bei?
- Was ist eine Pooling-Strategie und wie wird dadurch die Effizienz von Faltungsnetzwerken erhöht?
- Wie werden Eingangssignale von Faltungsnetzwerken verarbeitet, um z. B. die Qualität generierter Bilder zu verbessern?

7.1 Einleitung

Bei **Faltungsnetzwerken** bzw. **Convolutional Neural Networks** handelt es sich um erweiterte neuronale Netze, die speziell für die Verarbeitung von Bildern entwickelt wurden. Insbesondere werden Faltungsschichten eingeführt, um lokale Merkmale wie Kanten oder Texturen zu extrahieren und hierarchisch zu immer komplexeren Merkmalen zu kombinieren.

Faltungsnetzwerke tragen dazu bei, Objekte in Bildern noch besser erkennen bzw. klassifizieren zu können. Darüber hinaus finden Faltungsnetzwerke in der generativen KI Anwendung, etwa in Generative Adversarial Networks oder in Diffusionsmodellen, um die Qualität erzeugter Bilder zu erhöhen.

Die folgenden Abschnitte erläutern das grundlegende Potenzial von Faltungsnetzwerken, indem sie die zentrale Rolle der Faltungsschichten und deren Funktionsweise näher beleuchten.

7.2 Faltungen

Eine grundlegende Vorgehensweise der Bildverarbeitung ist folgende: Der Wert eines jeden Pixels im neuen (verarbeiteten) Bild wird unter Berücksichtigung der Werte benachbarter Pixel im Originalbild bestimmt. Genauer berechnen sich die neuen Werte als gewichtete Summe unter Berücksichtigung eines Filters:

Ein **Filter** ist eine quadratische Tabelle bzw. Matrix, die auf jeden Pixel eines Originalbildes angewandt wird, um bestimmte Merkmale wie Kanten, Texturen oder Muster zu erkennen bzw. verstärken.

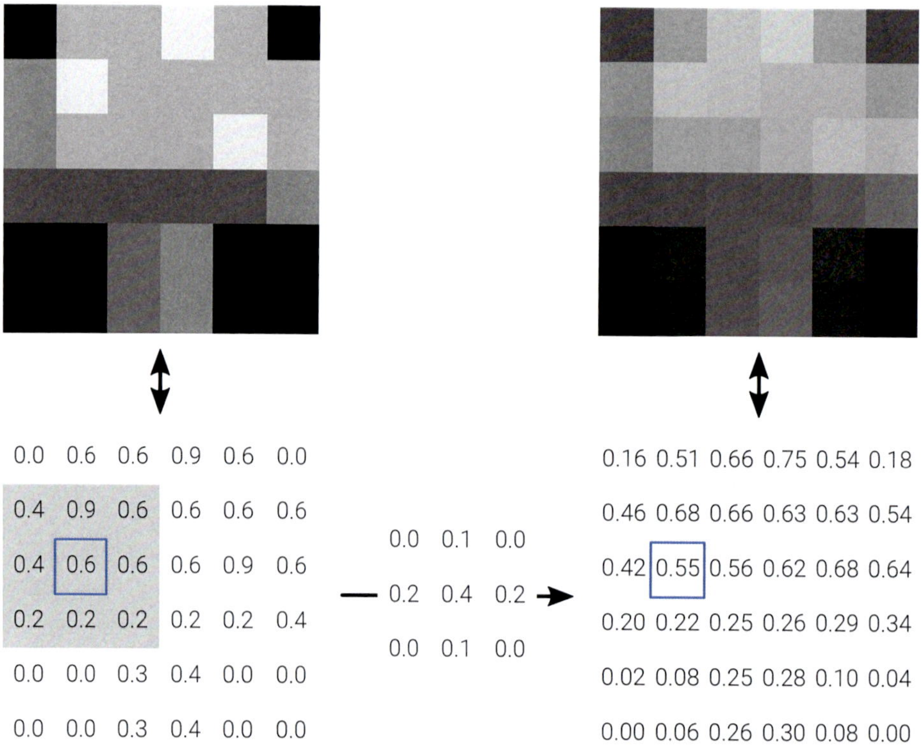

Bild 7.1 Beispiel zur Anwendung eines 3 × 3 Filters auf ein Schwarz-Weiß-Bild bestehend aus 6 × 6 Pixel. Wie üblich wird das Bild anhand von Zahlenwerten zwischen 0 (schwarz) und 1 (weiß) kodiert

Im Beispiel aus Bild 7.1 kommt ein 3 × 3-Filter zum Einsatz (veranschaulicht über dem Pfeil). Die Werte der Pixel des neuen Bildes (unten rechts) werden bestimmt, indem die gewichtete Summe unter Verwendung des Filters berechnet wird. Für den markierten Pixel gilt beispielsweise:

$$0.0 \cdot 0.4 + 0.1 \cdot 0.9 + \ldots + 0.1 \cdot 0.2 + 0.0 \cdot 0.2 \;=\; 0.55$$

Der Filter wird schrittweise über das Bild verschoben, bis die Werte sämtlicher Pixel neu bestimmt wurden. Die Bildgröße wird dabei nicht verändert.

> Tatsächlich kann der 3 × 3-Filter aus Bild 7.1 als die diskrete Normalverteilung angesehen werden. Daher dient die Anwendung des Filters zur Glättung bzw. Weichzeichnung des Bildes.

Die Vorgehensweise zur Bearbeitung bzw. Veränderung eines Bildes auf Basis eines Filters wird als **Faltung** bzw. **Convolution** bezeichnet. Dabei sind folgende Hinweise zu beachten:

1. Es sind Filter der Größe s × s anwendbar, sofern s eine ungerade ganze Zahl größer oder gleich 3 ist.
2. Sollte sich nach der Anwendung eines Filters ein Wert kleiner 0.0 oder größer 1.0 ergeben, dann ist der Wert entsprechend auf 0.0 auf- bzw. auf 1.0 abzurunden.

Zusätzlich müssen wir eine Vorgehensweise für Pixel finden, die sich am Rand des Bildes befinden, da hier einige der Nachbarpixel nicht vorhanden sind. Zur Anwendung des Filters wird hier ein Wert verwendet, der dem Wert des nächstgelegenen Pixels entspricht (Bild 7.2).

0.0	0.0	0.6	0.6	0.9	0.6	0.0	0.0
0.0	0.0	0.6	0.6	0.9	0.6	0.0	0.0
0.4	0.4	0.9	0.6	0.6	0.6	0.6	0.6
0.4	0.4	0.6	0.6	0.6	0.9	0.6	0.6
0.2	0.2	0.2	0.2	0.2	0.2	0.4	0.4
0.0	0.0	0.0	0.3	0.4	0.0	0.0	0.0
0.0	0.0	0.0	0.3	0.4	0.0	0.0	0.0
0.0	0.0	0.0	0.3	0.4	0.0	0.0	0.0

Bild 7.2 Beispiel zur Vorgehensweise, wie ein Filter auf Pixel am Rand eines Bildes bestehend aus 6 × 6 Pixel angewandt werden kann

Die Anwendung eines Filters mag sich komplizierter anhören, als sie tatsächlich ist. Teste daher dein Wissen anhand der folgenden Aufgabe:

0.3	0.6	0.8	1.0	0.2	0.3
0.6	0.2	[0.0]	0.0	0.6	0.1
0.6	0.8	0.2	0.6	[0.0]	0.6
0.4	0.2	[0.2]	0.2	0.6	0.1
0.8	0.6	0.2	0.2	0.7	0.7
0.1	1.0	0.4	0.7	0.5	1.0

—

0.0	0.5	0.0
0.5	-1.0	0.5
0.0	0.5	0.0

→

0.6	0.3	0.4	0.0	0.8	0.2
0.2	0.8	[ ]	1.0	0.0	0.7
0.6	0.0	0.6	0.0	[ ]	0.0
0.6	0.8	[ ]	0.6	0.0	0.9
0.2	0.5	0.5	0.7	0.3	0.6
0.9	0.0	0.8	0.2	0.9	0.6

Führe eine Faltung durch, d. h., bestimme die Werte der drei markierten Pixel unter Verwendung des gegebenen Filters.

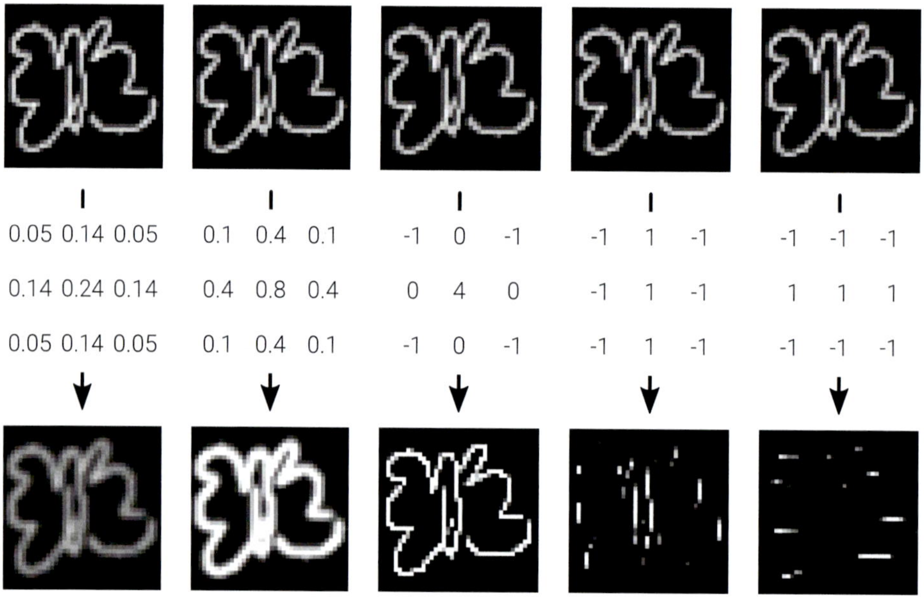

Bild 7.3 Beispiele möglicher 3 × 3 Filter, die auf eine Strichzeichnung bestehend aus 40 × 40 Pixel angewandt werden

Schließlich möchten wir veranschaulichen, welche Effekte 3 × 3 Filter haben können. Dazu wenden wir unterschiedliche Filter jeweils auf eine Schwarz-Weiß-Strichzeichnung bestehend aus 40 × 40 Pixel an (Bild 7.3). Die einzelnen Filter führen zu sehr unterschiedlichen Veränderungen. Insbesondere die letzten beiden Beispiele demonstrieren, wie markante Stellen des Bildes hervorgehoben werden, nämlich vertikale bzw. horizontale Linien.

Die Bilder nach Anwendung eines Filters werden daher auch als **Feature Maps** bezeichnet, da spezielle Merkmale im Originalbild hervorgehoben werden.

Schau dir gerne auch die folgende Anwendung an, um Filter auf weitere Strichzeichnungen anzuwenden:

www.taralino.de/exercise/EM6LDLFX

7.3 Pooling

Eine weitere Vorgehensweise, um insbesondere später die Anzahl der Eingangsneuronen eines neuronalen Netzes zu reduzieren, ist das sogenannte **Pooling**. Hierbei handelt es sich um eine einfache Technik, um Bilder zu verkleinern:

Beim Pooling wird ein Bild beispielsweise in 2 × 2 oder 3 × 3 Blöcke aufgeteilt und diesbezüglich verkleinert. Konkret werden alle Blöcke auf einen Pixel reduziert, nämlich auf den Pixel mit dem größten Wert des Blockes (Bild 7.4).

Bei 2 × 2-Blöcken reduziert sich das Bild entsprechend bereits um 75 Prozent. Schau dir dazu auch die folgende Anwendung an:

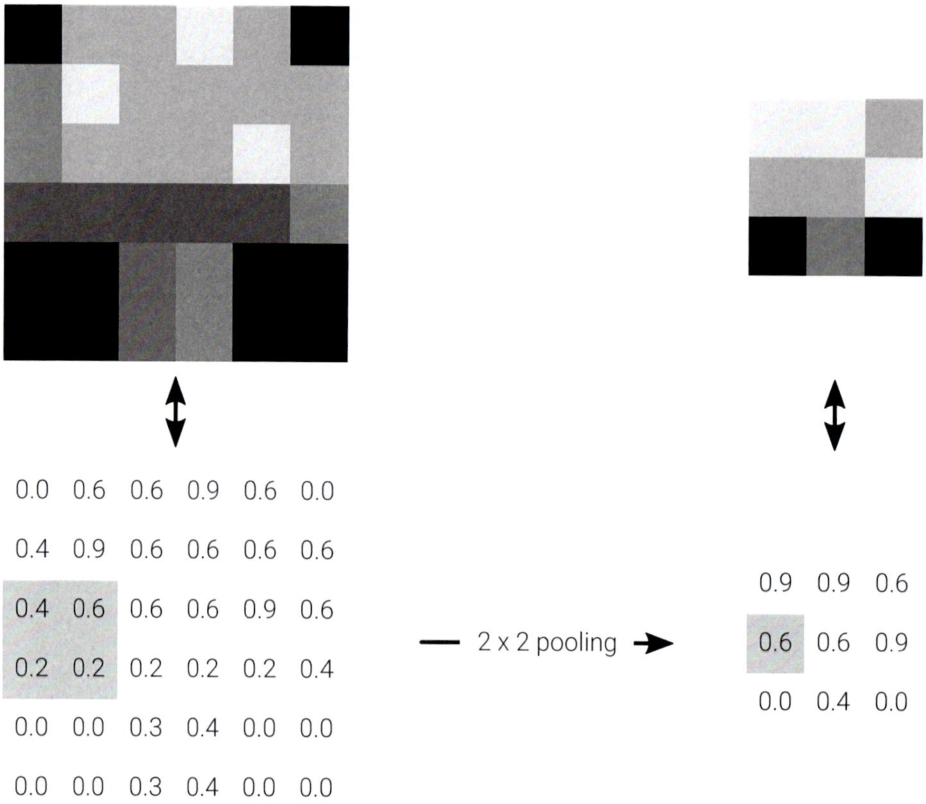

Bild 7.4 Beispiel eines Bildes, das einem 2 × 2 Pooling unterzogen wird

www.taralino.de/exercise/EW9GP2YN

Abschließend sei bemerkt, dass wir nachfolgend ausschließlich die beschriebene Maximum-Pooling-Strategie verwenden werden. Eine andere Möglichkeit ist die Mittelwert-Pooling-Strategie: Dabei wird statt des Maximums der Mittelwert aller Werte eines Blockes gebildet.

7.4 Layout

Die zuvor kennengelernten Techniken führen uns zu folgender Zusammenfassung:

Die Idee der Faltungsnetzwerke besteht darin, dass Bilder mit Faltungen und Pooling vorverarbeitet werden, bevor sie als Eingangssignal eines neuronalen Netzes dienen.

Um genauer zu sein: Ein Schwarz-Weiß-Bild wird zunächst unter Verwendung geeigneter Filter bearbeitet, um markante Stellen des Bildes hervorzuheben. Anschließend wird auf alle Feature Maps ein Pooling angewandt. Die Werte der Pixel der sich dadurch bestimmten Bilder dienen schließlich als Eingangssignal eines neuronalen Netzes (Bild 7.5):

Ein Schwarz-Weiß-Bild wird unter Verwendung mehrere Filter gleicher Größe sowie einer Pooling-Strategie verarbeitet, um das Eingangssignal eines neuronalen Netzes zu erhalten. Alle Neuronen des Eingangssignals besitzen einen Wert zwischen 0 und 1.

Im Beispiel aus Bild 7.5 wurden die folgenden drei Parameter verwendet:

Parameter	Wert
Anzahl der Filter	2
Größe der Filter	3 × 3
Größe der Pooling-Blöcke	2 × 2

Abgesehen von der Größe des Bildes entscheiden diese drei Parameter, aus wie vielen Neuronen das Eingangssignal besteht. Schlussendlich definieren die Parameter das **Layout** der Vorverarbeitung (Bild 7.6).

Im folgenden Codebeispiel kannst du auf einfache Art und Weise die Parameter des Layouts anpassen und dir eine visuelle Darstellung samt Anzahl der Neuronen des zugehörigen Eingangssignals anzeigen lassen:

www.taralino.de/exercise/CTW67VMD

Dabei sei bemerkt, dass bei größeren Bildern in der Regel jeweils abwechselnd mehrere Faltungs- sowie Pooling-Schichten verwendet werden. Erst dadurch ist man in der Lage, abstrakte markante Stellen in den Bildern zu identifizieren, bevor die Daten an ein neuronales Netz übergeben werden.

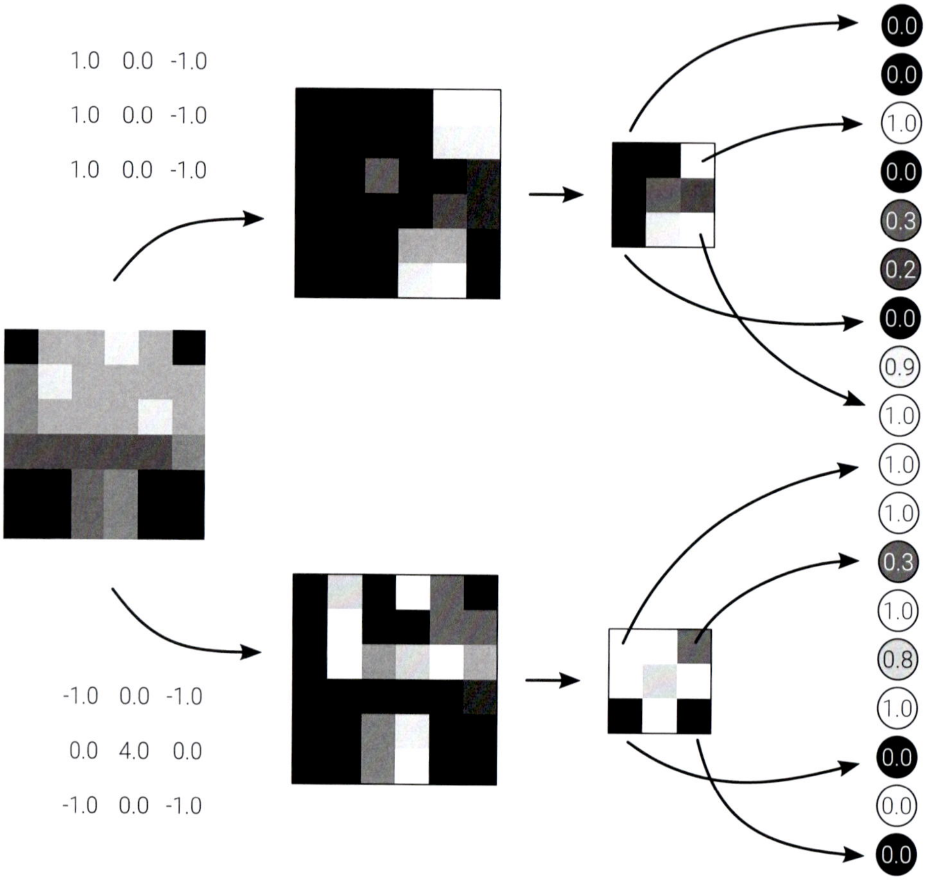

Bild 7.5 Gegeben ist ein Bild, welches aus 6 × 6 Pixel besteht. Auf dieses Bild werden zwei 3 × 3 Filter angewandt, sodass sich zwei neue Bilder (weiterhin bestehend aus jeweils 6 × 6 Pixel) ergeben. Anschließend wird ein 2 × 2 Pooling durchgeführt, es folgen entsprechend zwei Bilder bestehend aus jeweils 3 × 3 Pixel. Die Werte dieser Pixel der Reihe nach von oben links nach unten rechts angeordnet ergeben schließlich das Eingangssignal bestehend aus 18 Neuronen, welches in einem neuronalen Netz verarbeitet werden kann

7.5 Wahl der Filter

Mit dem Layout von Faltungsnetzwerken im vorherigen Abschnitt haben wir die Grundlagen besprochen, um Bilder noch effektiver mit neuronalen Netzen verarbeiten zu können. Bisher gingen wir jedoch von einer geeigneten Wahl der Filter aus, was wir in diesem Abschnitt präzisieren möchten.

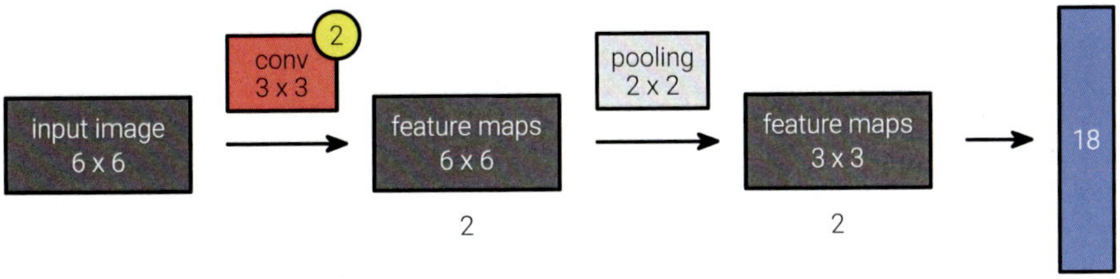

Bild 7.6 Mögliche visuelle Darstellung des Layouts zum Beispiel aus Bild 7.5

Die Werte der Filter können ebenfalls aus den Trainingsdaten erlernt werden. Auch dabei kommt eine Form der Backpropagation zum Einsatz.

Das Erlernen der Filter ist jedoch nur bei großen Trainingsdatensätzen bestehend aus größeren Bildern sinnvoll. Dies führt uns zum Konzept des **Deep Learnings**, bei dem mehrschichtige neuronale Netze mit verschachtelten Vorverarbeitungsstufen verwendet werden.

Für unsere vergleichsweise kleinen Datensätze mit kleinen Schwarz-Weiß-Bildern ist es allerdings wenig zielführend, die Filter anzutrainieren. Stattdessen greifen wir auf die Standardfilter aus Bild 7.7 zurück, die auf eine beliebige Filtergröße skaliert werden können.

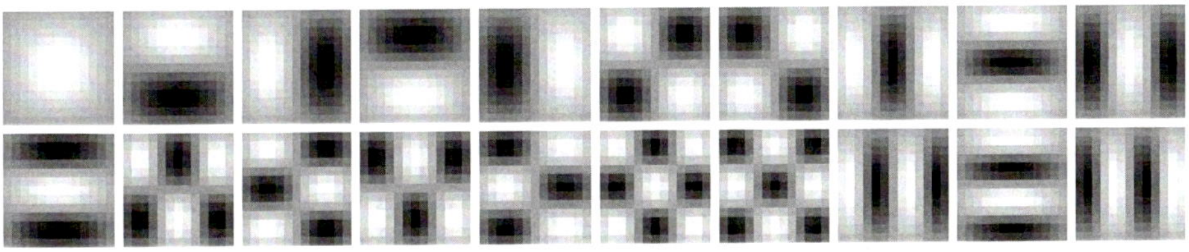

Bild 7.7 Visuelle Darstellung der Standardfilter, die wir im Kontext von Faltungsnetzwerken zur Vorverarbeitung kleiner Schwarz-Weiß-Bilder verwenden. Zu sehen sind die ersten 20 Standardfilter von oben links nach unten rechts, jeweils als Filter der Größe 13 × 13. Weiß steht für positive Zahlen, schwarz für negative Zahlen

Die Standardfilter sind dabei keineswegs zufällig gewählt, im Gegenteil: In der Tat können (je nach Datensatz) derartige Filter antrainiert werden. Beim ersten Filter (Bild 7.7 oben links) handelt es sich um die diskrete Normalverteilung bzw. diskrete Gaußsche Glockenkurve, was wie im einleitenden Beispiel zu einer Weichzeichnung führt. Die nachfolgenden vier Filter können mathematisch betrachtet als Gradienten in x- bzw. y-Richtung angesehen werden. Dadurch werden Übergänge von hell nach dunkel sowie von dunkle nach entlang der x- und y-Achsen hervorgehoben.

7.6 Beispiel: Mnist

Wir haben bereits den Mnist-Datensatz kennengelernt, der Bilder handgeschriebener Ziffern mit einer Größe von 28 × 28 Pixel beinhaltet (Bild 7.8):

> Der Mnist-Datensatz dient häufig als Benchmark, um Algorithmen zu testen. Der vollständige Datensatz besitzt 60.000 Trainingsobjekte sowie 10.000 Testobjekte.

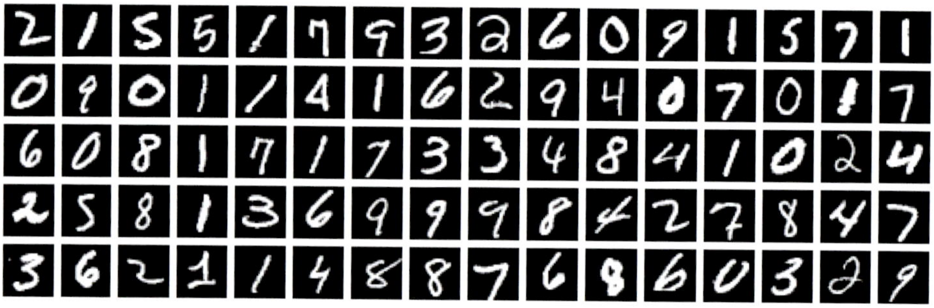

Bild 7.8 Zufällige Objekte des Mnist-Datensatzes

Beispielsweise kann der Mnist-Datensatz verwendet werden, um die zugehörige Klassifikationsaufgabe zu untersuchen, was wir mit exakt den in diesem Buch vorgestellten Verfahren getan haben. Wir konnten folgende Ergebnisse erzielen:

> Mit einem klassischen neuronalen Netz wurden (im besten Falle) rund 96 Prozent der 10.000 Testobjekte korrekt erkannt. Unter Verwendung eines Faltungsnetzwerkes wurden sogar rund 98 Prozent der Testobjekte korrekt klassifiziert (Bild 7.9).

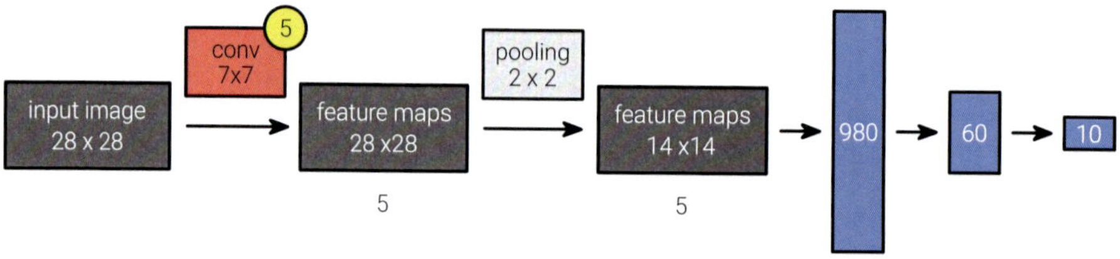

Bild 7.9 Vollständiges Layout eines Faltungsnetzwerkes zur Klassifikation handgeschriebener Ziffern bestehend aus 28 × 28 Pixel. Unter Verwendung dieses Layouts (mit den fünf ersten Standardfiltern wie zuvor beschrieben) wurden rund 98 Prozent der 10.000 Mnist-Testobjekte korrekt klassifiziert, nachdem das neuronale Netz auf Grundlage der 60.000 Trainingsobjekte ausführlich trainiert wurde

Auch, wenn zwei Prozentpunkte als Verbesserung vielleicht wenig erscheinen mögen: Man muss sich bewusst machen, dass dadurch die Fehlerquote halbiert wurde.

Schau dir auch gerne folgenden Quellcode an, um ein Faltungsnetzwerk zur Klassifikation handgeschriebener Ziffern zu trainieren. Beachte jedoch, dass das darin verwendete Datenpakt aufgrund des Umfangs nur einen kleinen Teil des vollständigen Mnist-Datensatzes bereithält. Daher werden sich deine Ergebnisse nicht direkt mit den zuvor genannten Zahlen vergleichen lassen.

www.taralino.de/exercise/C79QCMQP

7.7 Exkurs: Deep Learning

Bereits im ersten Kapitel wurden neuronale Netze mit dem Hinweis eingeführt, dass Eingangssignale der Wahrnehmung dienen und Ausgangssignale ein Ergebnis der (verarbeiteten) Wahrnehmung liefern. Die verborgenen Schichten dazwischen übernehmen die Verarbeitung der Eingangssignale. Im Kontext des Deep Learnings kommen neben neuronalen Netzen häufig noch weitere Analysen bzw. Methoden hinzu. Der konzeptionelle Aufbau mit Wahrnehmung, Verarbeitung und Ergebnis kann aber auch bei KI-Modellen des Deep Learnings als Analogie dienen (Bild 7.10).

Wahrnehmung Eingangssignal	**Verarbeitung** verborgene Schichten	**Ergebnis** Ausgangssignal
Bilder kodiert durch die Werte der einzelnen Pixel bzw. Bildpunkte	Strukturen bzw. Merkmale in den Bildern identifizieren und lokalisieren	Inhalt des Bildes oder detailreiche Generierung eines neuen Bildes
Texte, wortweise bzw. tokenweise kodiert als Vektoren	Bedeutungen der Wörter bzw. Token in ihrem Zusammenhang verstehen	Verarbeitung des Textes: Zusammenfassung, Korrektur, Erweiterung, ...

Bild 7.10 Zwei Beispiele, um die Arbeitsweise von KI-Modellen im Kontext des Deep Learnings genauer zu verstehen

Um Bilder mit fortgeschrittenen KI-Modellen zu verarbeiten, werden in der Regel die Rohdaten (also die Werte der einzelnen Pixel) als Eingangssignal genutzt. Die Verarbeitung dient dazu, Strukturen bzw. Merkmale in den Bildern zu erkennen und zu bewerten. Neben den verborgenen Schichten eines neuronalen Netzes tragen auch

Faltungs- und Pooling-Schichten wesentlich zur Verarbeitung bei. Dadurch können Objekte in Bildern noch präziser klassifiziert werden oder aber es lassen sich qualitativ hochwertige neue Bilder generieren.

Auch bei der Verarbeitung von Texten mit großen Sprachmodellen besteht das Eingangssignal im Wesentlichen aus den Rohdaten, also aus einem Text, der wort- bzw. tokenweise kodiert wurde. Während der Verarbeitung durch zahlreiche neuronale Netze und ergänzende Techniken werden die einzelnen Wörter bzw. Tokens im Kontext bewertet, sodass die Bedeutung des Textes erfasst wird. Das KI-Modell erkennt dann, welche Textanteile Aussagen, Fragen oder Anweisungen enthalten und in welcher Sprache der Text geschrieben ist. Erst dadurch wird eine qualitativ hochwertige Weiterverarbeitung möglich, wie das Erstellen von Zusammenfassungen, das Vornehmen von Korrekturen oder das korrekte Antworten auf konkrete Fragen.

8 Bestärkendes Lernen

In diesem Kapitel beantworten wir folgende Fragen:

- Was hat es mit dem bestärkenden Lernen auf sich und welche Rolle spielt dies im Kontext der generativen KI?
- Wie können neuronale Netze einsetzen werden, um geeignete Lösungsstrategien für Spiele zu erlernen?
- Wie lassen sich neuronale Netze ganz ohne Trainingsdaten trainieren, sofern eine Belohnungsfunktion bekannt ist?

8.1 Einleitung

In den Kapiteln zuvor haben wir bereits unterschiedliche Anwendungsfälle neuronaler Netze kennengelernt. Insbesondere behandelt wurden Klassifikationsaufgaben, aber beispielsweise auch Autoencoder zur Dimensionsreduktion oder Diffusionsmodelle zur Generierung von Bildern. Bezüglich der dafür benötigten Datensätze gab es einen wesentlichen Unterschied (Bild 8.1):

- Im Kontext des **überwachten Lernens** (engl. **Supervised Learning**) wie beispielsweise der Klassifikation werden gelabelte Daten benötigt, also Datensätze, bei denen zu jedem Objekt ein Label bzw. ein gewünschtes Ergebnis bekannt ist.
- Beim **unüberwachten Lernen** (engl. **Unsupervised Learning**) wie beispielsweise der Dimensionsreduktion haben wir es mit ungelabelten Daten zu tun, also mit Datensätzen, bei denen kein Label vorhanden ist.

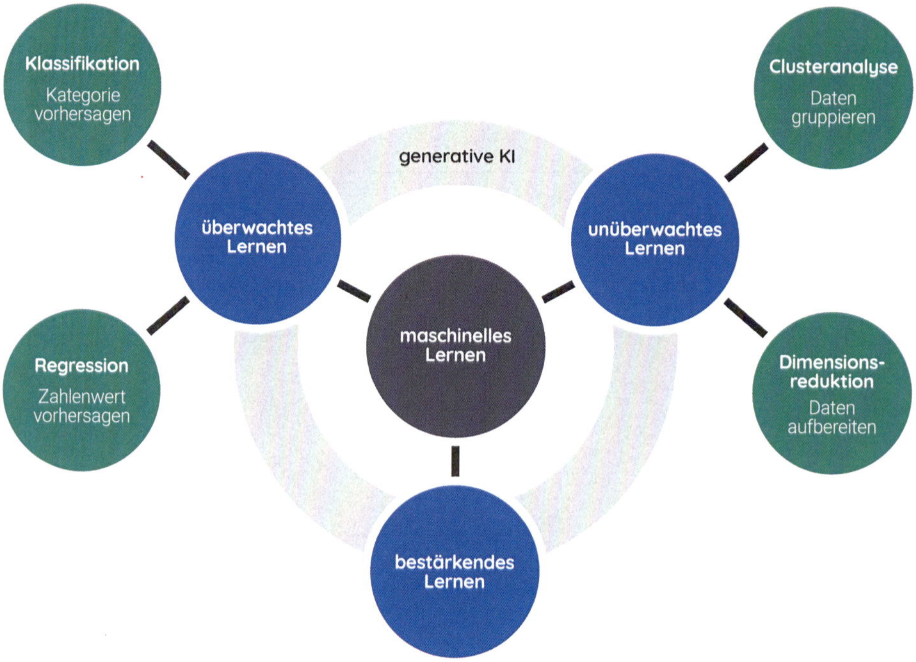

Bild 8.1 Drei Disziplinen des maschinellen Lernens: überwachtes Lernen mit Klassifikation und Regression, unüberwachtes Lernen mit Clusteranalyse und Dimensionsreduktion sowie bestärkendes Lernen. Bei der generativen KI spielen alle drei Disziplinen eine Rolle

- Eine weitere Disziplin des maschinellen Lernens ist das **bestärkende Lernen** (engl. **Reinforcement Learning**). Dabei werden keine Trainingsdaten benötigt, stattdessen lernt das System (z. B. ein neuronales Netz) auf Basis einer Belohnung gewünschter bzw. Bestrafung unerwünschter Verhaltensweisen.

Tatsächlich spielen bei der generativen KI alle drei Disziplinen eine Rolle. Wir haben bereits gelernt, dass beispielsweise zum Trainieren von Diffusionsmodellen Datensätze ohne Label verwendet werden und wir uns damit im Kontext des unüberwachten Lernens befinden. Um eine Text-zu-Bild-Generierung zu ermöglichen, wird jedoch zu jedem Trainingsbild eine Bildunterschrift benötigt. Die Bildunterschrift kann als Label angesehen werden, sodass wir uns hier im Bereich des überwachten Lernens befinden.

Aber auch Methoden des bestärkenden Lernens können dazu beitragen, Modelle der generativen KI zu verbessern: Geben Anwender eines KI-Modells ein Feedback darüber, ob die generierte Antwort bzw. das generierte Bild als gut oder schlecht empfunden wird, dann ist dies eine wertvolle Information zur Belohnung oder Bestrafung. Das Feedback kann z. B. gegeben werden, falls (je nach Plattform) generierte Daten mit Daumen hoch oder Daumen runter bewertet werden können. Ein weiteres Feedback besteht bereits in der Information darüber, ob ein generiertes Bild heruntergeladen wurde oder nicht.

Um daher auch das grundlegende Prinzip des bestärkenden Lernens zu verstehen, schauen wir uns in diesem Kapitel ein kleines Beispiel an. Insbesondere werden wir sehen, wie ein neuronales Netz auf Basis einer Belohnungsfunktion ganz ohne Trainingsdaten trainiert werden kann, um bestimmte Aufgaben zu lösen.

8.2 Neuronales Netz spielt Snake

Der Spieleklassiker Snake ist ein einfaches Videospiel, bei dem der Spieler eine Schlange steuert, die Äpfel frisst, um länger zu werden. Wird ein Apfel gefressen, taucht ein neuer Apfel an einer zufällig gewählten Position auf dem Spielfeld neu auf. Ziel ist es, die Schlange so lange wie möglich wachsen zu lassen, ohne gegen ein Hindernis zu stoßen (d. h. gegen eine Wand am Spielfeldrand oder gegen den eigenen Körper). Eine schlichte Version des Spiels kannst du hier erproben:

---

www.taralino.de/exercise/EYZNB4RK

Das Spiel der Anwendung zuvor ist so aufgebaut, dass pro Sekunde sechsmal die Richtung der Schlange gewechselt werden kann. Und genau diese Aufgabe soll nachfolgend eine Künstliche Intelligenz übernehmen:

In jedem Simulationsschritt entscheidet ein neuronales Netz darüber, in welche Richtung sich die Schlange bewegen soll. Dabei soll das neuronale Netz so ausgelegt werden, dass die Schlange möglichst viele Äpfel sammelt.

Ein neuronales Netz, um diese Aufgabe zu lösen, kann Bild 8.2 entnommen werden.

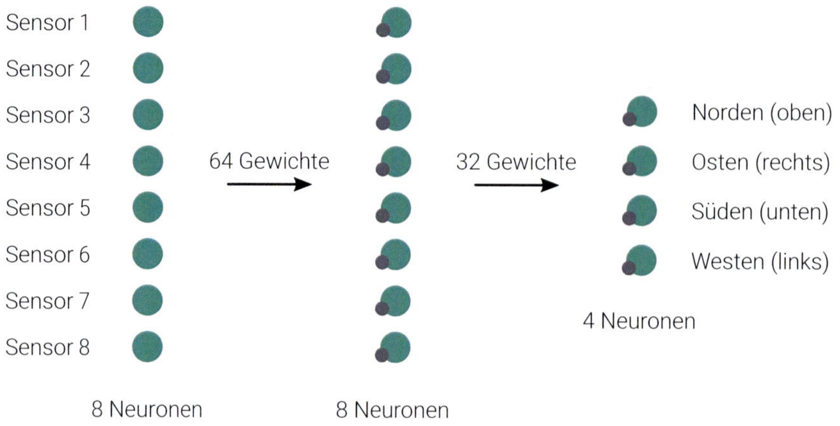

Bild 8.2 Layout eines neuronalen Netzes, um Snake zu spielen

Dieses neuronale Netz wird in jedem Simulationsschritt ausgewertet, um sich jeweils für eine Richtung zu entscheiden:

> Das Ausgangsneuron mit dem größeren Wert entscheidet darüber, in welche Richtung sich die Schlange bewegen soll.

Von zentraler Bedeutung sind dabei die Werte der acht Eingangsneuronen, welche bei derartigen Anwendungen auch als **Sensoren** bezeichnet werden, da sie Informationen über die Umgebung liefern. Die acht Sensoren in unserem Beispiel (Bild 8.2) sind so aufgebaut, dass für alle vier Richtungen jeweils zwei Informationen bereitgestellt werden: Der Abstand bis zum nächsten Hinternis (als Wert zwischen 0 und 1) sowie eine Information darüber, ob in der jeweiligen Richtung ein Apfel vorhanden ist (Wert 1) oder nicht (Wert 0).

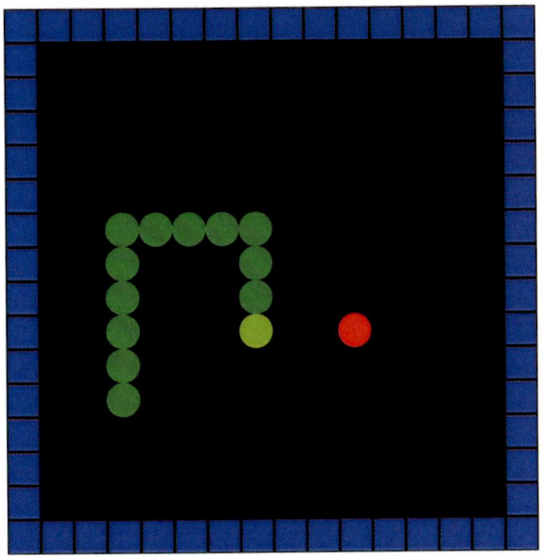

Bild 8.3 Beispiel einer Spielszene auf einem Spielfeld bestehend aus 16 × 16 Feldern

Um die Berechnung der Werte der Sensoren bzw. Eingangsneuronen zu konkretisieren, schauen wir uns die Spielszene aus Bild 8.3 an. Als Spielfeldgröße wurde n=16 gewählt, sodass das Spielfeld aus 16 × 16 Feldern besteht. Die zugehörigen Werte der Sensoren sind im Beispiel folgende:

Sensor	Beschreibung	im Beispiel	Wert des Neurons
1	Hindernis Richtung Norden	1 Feld	1/n = 1/16 = 0.0625
2	Hindernis Richtung Osten	8 Felder	8/n = 8/16 = 0.5
3	Hindernis Richtung Süden	6 Felder	6/n = 6/16 = 0.375
4	Hindernis Richtung Westen	4 Felder	4/n = 4/16 = 0.25
5	Apfel Richtung Norden	nein	0
6	Apfel Richtung Osten	ja	1
7	Apfel Richtung Süden	nein	0
8	Apfel Richtung Westen	nein	0

Analog lassen sich die Werte der acht Sensoren in jedem Schritt sowie für alle Spielszenen eindeutig bestimmen, sodass diese stets als Eingangssignal des neuronalen Netzes angesehen werden können.

8.3 Belohnungsfunktion

Zusammenfassend haben wir im Abschnitt zuvor kennengelernt:

Jedes neuronale Netz gemäß Bild 8.2 kann verwendet werden, um eine Runde Snake zu spielen.

Ob das neuronale Netz dabei gut oder schlecht abschneidet, hängt wie üblich (neben weiteren Faktoren) insbesondere davon ab, ob die Gewichte und Schwellwerte sinnvoll gewählt wurden. Dies führt uns zu folgendem Bewertungskriterium bezüglich der Güte beim Spielen einer Runde Snake:

Die **Belohnungsfunktion** gibt zu einem neuronalen Netz gemäß Bild 8.2 (welches durch die zugehörigen Gewichte und Schwellwerte eindeutig definiert ist) die Anzahl der eingesammelten Äpfel zurück.

Dabei müssen wir uns bewusst sein, dass das Ergebnis der Belohnungsfunktion zufallsbestimmt ist, denn die Äpfel tauchen jeweils an zufälligen Positionen neu auf. Zudem besteht die Möglichkeit, dass die Schlange ins Kreisen gerät (ohne gegen ein Hindernis zu stoßen). Damit das Spiel auch in diesen Fällen endlich ist, bleiben die Äpfel jeweils nur für eine gewisse Dauer liegen. Wird der Apfel in dieser Zeit nicht eingesammelt, wechselt er seine Position auf ein zufällig gewähltes freies Feld. Dennoch liefert uns die Belohnungsfunktion eine Information darüber, wie gut ein neuronales Netz beim Spielen einer Runde Snake abgeschnitten hat.

Während der Trainingsphase werden die Gewichte und Schwellwerte zahlreicher neuronale Netze gemäß Bild 8.2 auf geeignete Art und Weise derart verändert, sodass ein neuronales Netz übrig bleibt, für das die Belohnungsfunktion (im Mittel) einen möglichst großen Wert liefert.

Wie genau die Trainingsphase durchgeführt werden kann, stellen wir im nachfolgenden Exkurs vor. Zusammenfassend sind im Beispiel die Werte von insgesamt 108 Parametern bzw. Variablen zu bestimmen (64 + 32 Gewichte sowie 8 + 4 Schwellwerte). Schaue dir abschließend die folgende Anwendung an, in der ein bereits trainiertes neuronales Netz Snake spielt:

www.taralino.de/exercise/EMSX94AN

8.4 Exkurs: Genetische Algorithmen

Genetische Algorithmen sind allgemeine Lösungsverfahren, um Optimierungsaufgaben zu lösen.

Genau wie bei neuronalen Netzes dient die Natur als Vorbild: Bei **genetischen Algorithmen** werden Vorgänge der Genetik als mathematisches Modell formuliert, um damit ein allgemeines Lösungsverfahren aufzubauen.

In der Regel liefert ein genetischer Algorithmus ein Ergebnis, dass eine gute Lösung der Optimierungsaufgabe ist (wenn auch nicht optimale).

Im Folgenden stellen wir vor, wie ein genetischer Algorithmus zum Trainieren eines neuronalen Netzes gemäß Bild 8.2 formuliert werden kann.

Populationen

Bei genetischen Verfahren wird stets eine **Population** betrachtet: Dabei handelt es sich um eine gewisse Anzahl an Lösungskandidaten, in unserem Kontext also um eine gewisse Anzahl ein neuronalen Netzen gemäß Bild 8.2, die jeweils über ihre 108 Parametern definiert werden.

In Anlehnung an die Genetik spricht man bei Lösungskandidaten genetischer Verfahren von den **Individuen**. Jedes Individuum besitzt eine zugehörige Güte bzw. Qualität, die als **Fitness** bezeichnet wird. In unserem Kontext wird die Fitness eine Individuums gegeben durch das Ergebnis der Belohnungsfunktion wie zuvor beschrieben. Dies führt uns zum ersten Parameter eines genetischen Verfahrens:

s Populationsgröße, d. h. Anzahl der Individuen pro Generation

Zusammenfassend besteht eine Population in unserem Beispiel aus insgesamt s neuronalen Netzen zum Layout aus Bild 8.2, die jeweils durch ihre 108 Parametern beschrieben werden. Zu jedem Individuum (d. h. zu jedem neuronalen Netz) lässt sich gemäß der Belohnungsfunktion eine Fitness bestimmen:

Individuum	Fitness
Neuronales Netz 1 (108 Zahlenwerte)	Ergebnis der Belohnungsfunktion
Neuronales Netz 2 (108 Zahlenwerte)	Ergebnis der Belohnungsfunktion
...	...
Neuronales Netz s (108 Zahlenwerte)	Ergebnis der Belohnungsfunktion

Die Vorgehensweise, die wir nun genauer vorstellen werden, ist folgende: Aus den Individuen einer Population werden Kinder erzeugt und gemäß ihrer Fitness bewertet. Schließlich überleben die Individuen mit der besten Fitness, wobei die Populationsgröße von Schritt zu Schritt bzw. **Generation** zu Generation identisch bleibt.

Eltern und Kinder

Angenommen, es ist eine Population bestehend aus s Individuen (jeweils samt Fitness gegeben). Angelehnt an die Vorgänge in der Natur wollen wir nun klären, wie daraus die nachfolgende Generation bestimmt werden kann:

Aus der gesamten Population werden zwei Individuen (die Eltern) ausgewählt. Dies kann rein zufällig geschehen, oder aber es werden Individuen mit einer besseren Fitness statistisch bevorzugt. Die beiden gewählten Individuen werden als ein Elternpaar angesehen, die gemeinsam genau zwei Kinder bekommen (wobei auch die Fitness der Kinder bestimmt wird).

Wie genau aus einem Elternpaar zwei Kinder erzeugt werden, klären wir nachfolgend. Der beschriebene Vorgang (d. h. die Wahl eines Elternpaares und die Erzeugung zweier Kinder) wird pro Generation stets mehrfach durchgeführt, was uns zu folgendem Parameter führt:

c	Anzahl der Elternpaare pro Generation, die zwei Kinder bekommen

Nach dem Kinderkriegen besteht die Population samt Nachkommen aus genau

$$s + 2 \cdot c$$

Individuen. Da die Populationsgröße von Generation zu Generation aber konstant bleiben soll, gehen wir folgendermaßen vor: Für die nachfolgende Generation werden die s Individuen ausgewählt, die die beste Fitness aufweisen.

Algorithmus

Obwohl wir die zentrale Frage, nämlich wie aus einem Elternpaar zwei Kinder erzeugt werden können, noch nachgehen müssen, fassen wir das grundlegende Verfahren bereits als Algorithmus zusammen. Benötigt werden dafür zusammenfassend folgende Parameter (wobei wir auf die Mutationsrate später noch eingehen werden):

s	Populationsgröße, d. h. Anzahl der Individuen pro Generation
c	Anzahl der Elternpaare pro Generation, die zwei Kinder bekommen
k	Anzahl an Generationen
m	Mutationsrate, d. h. Wahrscheinlichkeit der Mutation pro Kind

Damit kann der Algorithmus anhand von Bild 8.4 beschrieben werden.

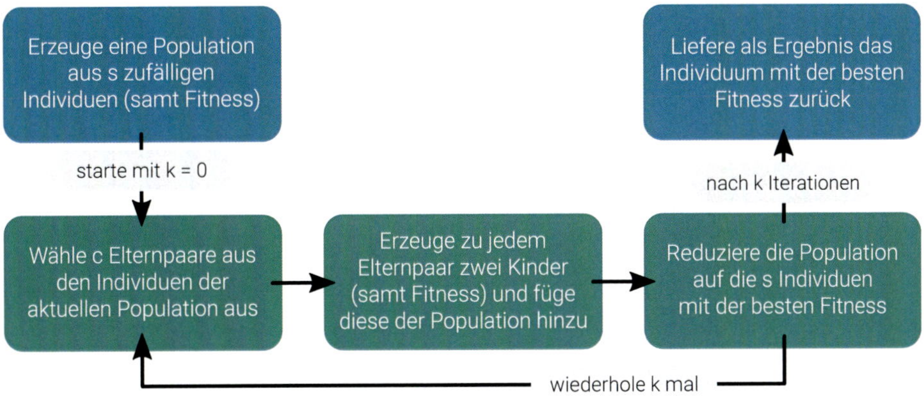

Bild 8.4 Algorithmische Beschreibung eines genetischen Verfahrens, das auch zum Trainieren eines neuronalen Netzes verwendet werden kann. Jedes Individuum beschreibt in diesem Falle die Parameter eines neuronalen Netzes (d. h. die Schwellwerte und Gewichte) und die zugehörige Fitness wird durch eine Belohnungsfunktion bestimmt

In unserem Kontext bedeutet dies, dass initial s neuronale Netze zum Layout aus Bild 8.2 erstellt werden, wobei die jeweils 108 Parameter (Schwellwerte und Gewichte) zunächst rein zufällig gesetzt werden. Als finales Endergebnis bleibt nach k Iterationen bzw. Generationen nur ein neuronales Netz übrig, nämlich das mit der besten Fitness bzw. mit dem besten Ergebnis der Belohnungsfunktion.

Kinder erzeugen

Schließlich beschäftigen wir uns mit dem letzten offenen Punkt des Verfahrens, nämlich damit, wie aus einem Elternpaar zwei Kinder erzeugt werden. Auch hier orientieren wir uns an Vorgängen in der Natur:

Die Individuen werden als Chromosomen angesehen. Die beiden Kinder berechnen sich aus den Chromosomen ihrer Eltern (samt möglicher Mutation).

Um die Vorgehensweise anhand eines Beispiels zu erläutern, betrachten wir Individuen bestehend aus 12 Variablen (anstelle der 108 Variablen im Kontext der neuronalen Netze). Dazu benötigen wir einen weiteren Modellparameter:

m Mutationsrate, d. h. Wahrscheinlichkeit der Mutation pro Kind

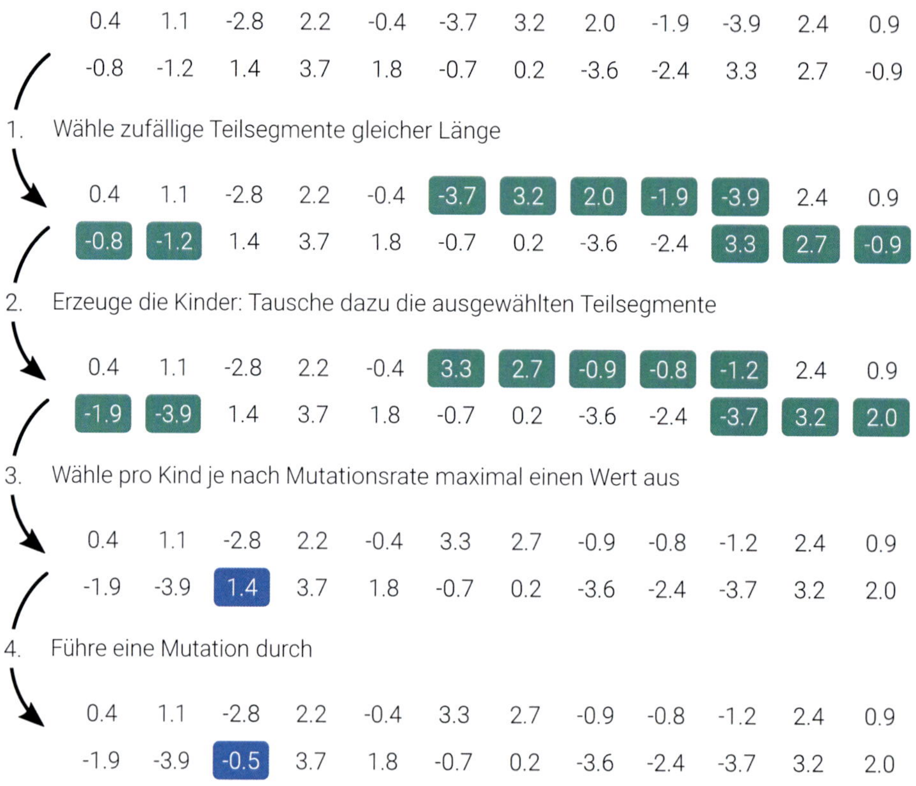

Bild 8.5 Beispiel zur Vorgehensweise, um aus einem Elternpaar (oben) zwei Kinder (unten) zu erzeugen. Die Individuen bestehend aus 12 Werten bzw. Variablen

Die Erzeugung von Kindern kann damit anhand des Beispiels aus Bild 8.5 nachvollzogen werden. Beginnend mit dem Elternpaar (in Bild 8.5 die beiden Individuen oben) ist der Ablauf folgender:

1. Bei den Eltern wird jeweils ein zufälliges Teilsegment gleicher Länge ausgewählt. Beachte, dass die Länge der Teilsegmente pro Elternpaar zufällig gewählt werden kann. Zudem kann ein Teilsegment aus Ende und Anfang eines Individuums bestehen (periodische Randbedingungen).
2. Erzeuge die Kinder, indem die gewählten Teilsegmente der Eltern getauscht werden.
3. Wähle gemäß der Mutationsrate pro Kind ggf. einen zufälligen Wert aus.
4. Falls (bei einem oder bei beiden Kindern) ein Wert zur Mutation ausgewählt wurde: Führe eine Mutation durch, d. h., wähle einen zufälligen neuen Wert.

Am Ende des Vorgangs wurden zwei Kinder erzeugt, deren Fitness bestimmt und die der Population hinzugefügt werden. Und das bedeutet:

> Wir haben alle offenen Punkte geklärt, um den genetischen Algorithmus aus Bild 8.4 durchführen zu können.

Dank der Belohnungsfunktion sind wir entsprechend auch in der Lage, das neuronale Netz aus Bild 8.2 zu trainieren, welches anschließend Snake spielen kann.

8.5 Zusammenfassung

In diesem Kapitel haben wir abschließend das bestärkende Lernen vorgestellt. Als konkretes Anwendungsbeispiel wurde ein neuronales Netz besprochen, das darauf ausgelegt ist, Snake zu spielen. Anders als beim überwachten oder unüberwachten Lernen wurden keine Trainingsdaten benötigt, um das neuronale Netz zu trainieren. Stattdessen kam ein genetischer Algorithmus auf Basis einer Belohnungsfunktion zum Einsatz.

Das Beispiel verdeutlicht die Vorteile des bestärkenden Lernens, um ein KI-Modell zum Spielen eines Spiels zu entwickeln:

> Im KI-Modell müssen die Regeln eines Spiels befolgt werden und es muss bewertbar sein, wie gut das Modell ist (Belohnungsfunktion). Zum Trainieren des KI-Modells sind dann keinerlei Informationen darüber erforderlich, was eine gute oder schlechte Spielstrategie ist.

Die Entwicklung des bestärkenden Lernens wird besonders deutlich am Beispiel von KI-Modellen, die Schach spielen: 1996 gelang es dem KI-Modell Deep Blue erstmalig, einen amtierenden Schachweltmeister zu besiegen. Deep Blue wurde auf Basis von Datensätzen trainiert, insbesondere durch die Analyse zahlreicher Schachpartien mit bekannten Ergebnissen. Eine kleine Revolution folgte 2017 mit der Vorstellung des KI-Modells AlphaZero. Dieses Modell wurde mit Methoden des bestärkenden Lernens trainiert. Anstatt auf menschliche Partien zurückzugreifen, lernte AlphaZero allein durch das Spielen gegen sich selbst und besiegte alle damals führenden Schach-Modelle.

Abschließend bleibt zu erwähnen, dass die Methoden des bestärkenden Lernens ebenso vielfältig sind wie deren Anwendungsfälle. Insbesondere im Kontext der generativen KI führt dies dazu, dass die Modelle mit der Zeit immer leistungsstärker werden.

Lizenzhinweise

Im vorliegenden Dokument oder in den zugehörigen Aufgaben, Anwendungen und Codebeispielen wurden folgende Open-Source-Projekte verwendet bzw. Inhalte ausgewählter Datensätze verarbeitet.

Open Source Projekte

Verwendet wurde die taralino JavaScript-Bibliothek, vertrieben unter der MIT License:

www.taralino.de/download

Datensätze

Eine Dokumentation der verwendeten Datensätze jeweils samt Angabe von Datenquelle und Lizenzhinweis kann der folgenden Liste entnommen werden:

www.taralino.de/references/data/irisflower

www.taralino.de/references/data/doodle

www.taralino.de/references/data/handwrittendigits

www.taralino.de/references/data/mnist

www.taralino.de/references/data/donutdata

www.taralino.de/references/data/catfaces

www.taralino.de/references/data/scribble

Literaturverzeichnis

Die folgenden Literaturquellen wurden einerseits bei der Erstellung des vorliegenden Werkes berücksichtigt und dienen andererseits zur eigenen Vertiefung der Inhalte.

C.C. Aggarwal. 2018. *Neural Networks and Deep Learning: A Textbook.* Springer International Publishing, Basel, 1. Auflage

C.M. Bishop. 1995. *Neural Networks for Pattern Recognition.* Oxford University Press, Oxford, 1. Auflage

A. Dertat. 2017. *Applied Deep Learning – Part 1: Artificial Neural Networks.* Published on Towards Data Science

A. Dertat. 2017. *Applied Deep Learning – Part 4: Convolutional Neural Networks.* Published on Towards Data Science

J. Frochte 2019. *Maschinelles Lernen: Grundlagen und Algorithmen in Python.* Carl Hanser Verlag, München, 2. Auflage

Gesellschaft für Informatik e.V. 2016. *Dagstuhl-Erklärung: Bildung in der digitalen vernetzten Welt.* Published on https://dagstuhl.gi.de

I.J. Goodfellow et al. 2014. *Generative Adversarial Networks.* arXiv:1406.2661

J. Ho, A. Jain und P. Abbeel. 2020. *Denoising Diffusion Probabilistic Models.* arXiv:2006.11239

J. Kleeberger, N. Prost und H. Sternkopf. 2019. *Machine Learning. Intelligente Maschinen.* Medien in die Schule (Gemeinschaftsprojekt von FSM und Google Deutschland), Berlin und Hamburg, 1. Auflage

Y. LeCun, L. Bottou, Y. Bengio und P. Haffner. 1998. Gradient-based learning applied to document recognition. *Proceedings of the IEEE* 86: 2278–2324

K. Lischka und A. Klingel. 2017. *Wenn Maschinen Menschen bewerten. Internationale Fallbeispiele für Prozesse algorithmischer Entscheidungsfindung.* Bertelsmann Stiftung, Gütersloh, 1. Auflage

M.A. Nielsen. 2015. *Neural Networks and Deep Learning.* Determination Press, Version vom 12. Dezember 2016

D. Rao und B. McMahan. 2017. *Natural Language Processing mit PyTorch: Intelligente Sprachanwendungen mit Deep Learning erstellen.* O'Reilly, Heidelberg, 1. Auflage. Deutsche Übersetzung von F. Langenau

S. Raschka und V. Mirjalili. 2017. *Python Machine Learning: Machine Learning and Deep Learning with Python, scikit-learn, and TensorFlow.* Packt Publishing, Birmingham, 2. Auflage

T. Rashid. 2017. *Neuronale Netze selbst programmieren. Ein verständlicher Einstieg mit Python.* O'Reilly, Heidelberg, 1. Auflage. Deutsche Übersetzung von F. Langenau

G.D. Rey und K.F. Wender. 2010. *Neuronale Netze: Eine Einführung in die Grundlagen, Anwendungen und Datenauswertung.* Hogrefe Verlag, Göttingen, 2. Auflage

A. Roy 2020. *A Guide to Text Classification and Sentiment Analysis.* Published on Towards Data Science

D. Sonnet. 2022. *Neuronale Netze kompakt. Vom Perceptron zum Deep Learning.* Springer Vieweg, Wiesbaden, 1. Auflage

A.W. Trask. 2020. *Neuronale Netze und Deep Learning kapieren. Der einfache Praxiseinstieg mit Beispielen in Python.* mitp, Frechen, 1. Auflage

A. Vaswani et al. 2017. *Attention Is All You Need.* arXiv:1706.03762

D.P. Zaun. 1999. *Künstliche neuronale Netze und Computerlinguistik.* De Gruyter, Berlin, 1. Auflage